無限時空逍遙遊

段 彩 華 著

文 學 叢 刊
文史哲出版社印行

國家圖書館出版品預行編目資料

無限時空逍遙遊 / 段彩華著. -- 初版. -- 臺北市：文史哲, 民 97.09
頁：　公分. --（文學叢刊；205）
ISBN 978-957-549-805-4 (平裝)

855　　　　97015540

文學叢刊 205

無限時空逍遙遊

著　者：段彩華
出版者：文史哲出版社
http:// www.lapen.com.tw
e-mail：lapen@ms74.hinet.net
登記證字號：行政院新聞局版臺業字五三三七號
發行人：彭正雄
發行所：文史哲出版社
印刷者：文史哲出版社
臺北市羅斯福路一段七十二巷四號
郵政劃撥帳號：一六一八〇一七五
電話886-2-23511028・傳真886-2-23965656
定價新臺幣三〇〇元
中華民國九十八年（2009）八月初版

ISBN 978-957-549-805-4　　07205

無限時空逍遙遊 目次

逍遙遊卷……四七

評賞卷……一四九

自序

我是一個喜歡寫小說，也喜歡寫散文的人。數十年來，出版了二十多部小說集，包括短篇、中篇和長篇。而沒有出版的，並不比出版問世的少。但散文集，卻只出版了一部，那便是「新春旅客」。現在推出向大家請益的，要算第二部散文集了。

這部作品共分三卷，即「忘月卷」，包括敘事文，抒情文和雜文，排在最前面。讓讀者一翻開，就覺得很熟悉。「評賞卷」，談談唐人和今人的「近體詩」，京戲，也包括我自己寫的五言詩和七言詩，列在最後面。而中間的一卷，題爲「逍遙遊卷」，其實就是「遊記卷」。爲什麼不叫遊記而改稱逍遙遊呢？爲了要給這部作品起一個別緻又有意義的書名。莊子論述中，第一篇題爲「逍遙遊」，揭櫫了個人自由主義。我借用古人這個題目，是想把全書的內容都涵蓋在內。

在「逍遙遊卷」內，無論是在台灣本島縱橫行，還是雲遊大陸的錦繡河山，只是形體上的遊覽。但在「忘月卷」尤其是「評賞卷」內，有許許多多神遊或夢遊的部份，是眼睛覷窺不到，照像機照不出來，而心靈卻已奔馳在古往今來的無窮領域中的，只能意會，難以言傳，時間又長，空間又大，你如何能去限量它呢？故本書題名爲「無限時空逍遙遊」，那就是「億萬星系攬一懷」了。

時空在變，景物也在變。民國十三年，雷峰塔倒掉，現出塔底許多古文物，成爲無價的寶藏。兩年以前，新的雷峰塔又聳立入雲，變成西湖人工建築中最高的景點之一，登到塔頂，可俯瞰全湖的風景。那些古文物，也運來台北展覽過，讓我們大開眼界。

我去遊玩的時間，是在民國八十八年夏季，正巧未見雷峰塔，眞是滄海桑田，盡在有有無無之中變幻。糯米橋也是，在多次水災中都能重新修復，更爲亮麗。有一次海棠颱風帶來大豪雨，它又被沖刷淹沒，不知道還能不能恢復舊貌了。

轉念再一想，即使它能恢復舊貌，也在質變當中。大千世界，日月星辰，每分每秒都在變幻。所有的景物，那有千年不變的可能呢？

民國九十七年七月三日寫於永和市

忘月卷

一、大廈病

現代人居住在大廈裡，工作在大廈裡，靠電梯上下出入，在業餘的空間時間裡，極力追求新的知識，但卻忽視了一點——不知道在高大的建築物裡生活久了，和自然界隔離脫節，身體也會害上大廈病。

用鋼筋水泥加強磚一層一層加蓋上去的大廈，要是除去玻璃牆壁、大理石地板、白瓷浴缸、柔軟地毯、彫花門窗，和印著各色圖案的窗帘、席夢思床、現代化的桌椅沙發等用具，單從空間的條件上講，其實只是一座外觀漂亮豪華的穴洞。它所佔的面積越大，洞內的範圍就越寬越廣，對人的拘囿力也就愈強。比起燧人氏鑽木取火的時代，則人們居住的山洞，離陽光太遠，想看看月亮不知在那一個方向，偶爾瞥見一塊天空也是扁扁的，閃著一小盤星星。要吸取自然空氣來增加體溫，更是困難得多。

代表現代文明的是都市，代表都市文明的是大廈。那一幢一幢高高聳立的建築物，全部門窗是封閉的，沒有管理員的鑰匙根本打不開，想走到陽台上去舒展舒展筋骨，跳動幾下增加肺活量，簡直辦不到。居住和工作在裡面的人們，僅靠空氣調節器供給氧氣。科學製造的玩意兒並非萬能，也不能保證在使用期限內不壞，要是透風口堵塞了，空氣調節器失靈了，麻煩可大啦！龐大的建築物周圍，只有兩個洞口。一個是要繞四五個圈子，距離在一百多公尺以外的後邊陽台門。而這個門口多半緊靠著廁所，廁所的後窗上安裝著一架抽風機，向外排放臭氣和騷氣。抽風機和後陽台門相距只在兩公尺以內，由洞口進入的空氣，對人體影響的程度可想而知。另一個洞口則是曲曲折折的步行樓梯，接近地面處也就接近街道，洞外來往的全是大大小小的汽車，噗、噗、噗直放帶有汽油味的響屁，散發入洞口的廢氣絕對多過氧氣。想享用這一點帶有渣滓的氧氣，就要看下面的分配了。住在二樓的人離樓梯口約五十公尺，常常會有窒息感。而生活在三樓的人，距離至少加一倍，假如是在最角落裡的一個房間負責抄寫或操縱電腦，則離洞口約有兩百多公尺，等於是悶在一口蓋著蓋子的缸裡。其餘四樓、五樓、六樓，乃至十二樓，三十樓以上的居民，可以根據這個數字推算，就可以知道自己所分享到的氧氣，少得有多麼可憐了。

一排一排比山丘還高的大廈，都裝有中央系統，夏天輸送冷氣，使氣溫保持在二十五度以下。人們到了裡邊，不管是讀書還是看稿，製造食品還是研究礦物，一天十個多小時，統統要依賴燈光。而吊在天花板上邊，隔著毛玻璃照射下來的，一律都是日光燈。它散發的光線總是一閃一閃，肉眼看不出來卻能感受得到，加上冷氣一吹一染，不到四十歲的人已經視力減退，戴老花眼鏡，已經算是輕微的症候群。更嚴重的，由於眼精長期疲勞，把負擔分散給腦神經，腦神經長期分擔疲勞，超過了限度，引起頭昏頭疼，找醫生治，又不能遠病源，吃了兩籮筐藥仍然治不好。有些人體質特殊，由腦神經再把積壓的疲勞分散給腸胃、心臟和肝臟，於是嘔吐、失眠、發燒、心跳等毛病，都從大廈裡一車一車的運往醫院，或進入急救中心了。

而每年，十一月一過，西北方來的寒流一侵襲，氣溫常常低到十五度以下，冬季來臨啦，當然用不著再開冷氣了。中央系統一關閉，窗戶打不開，每一方用木板隔開的房間內，就得開電扇，來增加空氣的流通。如果不開電扇，來了兩位外賓，坐在沙發上閒談不久，就會讚美著說：「你們的工作單位設備眞好，在亞熱帶的冬天裡還裝暖氣！」這是一種美好的錯誤的估計，那裡是有暖氣設備？那是碳酸氣和二氧化碳氣排放不出，新鮮氧氣又透不進來，室內越聚越多，一點火就會爆炸的毒氣呀！在這種窒悶下引起的症候群是——煩躁、發怒、咳嗽、耳鳴、昏昏欲睡，以爲是失戀，又從來沒有戀愛過……。

「穴居」在這種環境下的人們，只能從電視裡看見春天的花和秋天的月亮，只能從錄音帶上聽見五月的蛙鳴和七月的蟬叫，不是非常無聊嗎？這樣一層一層，向天空伸展的生活，是怎樣興起的呢？

三十多年沒有戰爭，醫藥又發達，人類生育得太快，老年人增加，壽命又延長，每個國家的人口都在爆炸，想往外移民，別的國家又微笑著推拒。爲了養活人口，改善居住環境，又不能侵佔農田，減少糧食的生產，只好向高空發展；加上人類是群居的動物，都市裡的人口越多，各行各業也就越多，自己需求的東西供應非常方便，大家都往都市裡擁擠，平房便自然被一區一區的打倒，蓋成突破雲宵的高樓大廈。大廈代替平房的速度一個月一個月的加快，二十年前舊都市的面容，只能從黑白照片裡去找。父親和祖父時代的生活情形，也只能在黑白電影和無聲電影裡才能看到了。

何況從平房移居到公寓中，再從公寓中遷居到大廈裡，還有很多看不見的好處。虛榮心的滿足，讓人感覺高貴，永遠跑在時代的前端。打一個電話，所需的食物、蔬菜、水果、衣裳、用具、玩物，都有商店裡的服務人員送到，就跟獲得阿拉伯的神燈一樣，只要用手指摩一摩，要什麼便有什麼。還有一個最大的利益，就是可以達到儲蓄生利的目的。任何人活著都必須往前看，擔心頭髮白了之後，身體氣力衰了，靠什麼安度晚年。在社會福利制度尚不健全的情形下，只有依賴自己年輕力壯時，多多儲存一些，等老來花用。投資在私人企業裡，怕賠本。將餘款放在銀行裡，怕物價波動，一夜之間慘遭貶值。買珍珠寶貝帶在身上，又擔憂強盜會從後面噗哧一刀，連性命一起拿去。最穩當的法子是投資在住的房屋上，夜夜睡在裏邊看守，白天又跑不掉，不可能被小偷搬走，比存款在銀行裡增值又快。若想使它轉手容易，不至於被套牢，更好的辦法是過幾年換一次新屋，把原有的住宅在少賺一點的情況下賣給別人。因此，現代人投資建造的是鋼筋水泥，永久性的建築物，卻過著遊牧民族的生活，過幾年搬一次家，居住到更高更大的住宅裡，房屋就變成他的水草。一切的演變都是自然的，鄉村從原槳中來，都市是從鄉村裡來的，大廈是從都市裡來的。

人活著不可能不害病，鄉村裡有鄉村裡的毛病，大廈裡有大廈裡的毛病。生活在二十層樓以上的人們，只要想著大廈的好處，一切都心安理得了。如果你不這樣想，還能坐著時光的列車倒著開，回到十七世紀以前去嗎？

二、一首流行歌的秘辛

一首柔情的流行歌，也會捲入政治的風雲，軍事的浪潮，歷經滄桑的變幻，是誰都不會相信的事。但它竟在上一個世紀的中葉，緊要的關頭，眞正發生了。

現在講起來，是一個笑話，會覺的很有趣，是不是小題大作了一點兒。但在當時，確實與千千萬萬人的生死相關連，也攸關國家的存亡，多少人的血淚變成酸和甜。這首流行歌不是別的，就是大家都熟悉的〈何日君再來〉。

最早唱紅它的人，是號稱金嗓子的歌后周璇，時間在二十世紀四〇年代——二次世界大戰的末期，地點是日本軍閥的佔領區，南京和上海那一帶。開始流行是在江南的繁華地區，但它普及之廣，是包括廣州到北京，甚至東北數省，凡是敵人的佔領區，都在廣播和傳唱。

筆者當時很小，只有十到十一歲。我家有一部老式的留聲機，要用手搖動機身旁的一個把柄，一圈一圈地搖，給發條上足勁兒，才能轉動唱盤。機旁放一個唱針盒兒，每唱兩三張唱片，就上一次發條，換一根唱針。

我們全家都是京劇迷，購買的唱片裡，多半是生旦淨的京劇唱片。爲了招待賓客，也準備幾張流行歌曲，留給我印象最深刻的，就是〈何日君再來〉，〈千里送京娘〉（李麗華唱），和〈木蘭從軍〉（陳雲裳唱）了。

我們住的鎮子，在隴海路上，本來是沒有電燈的，更沒有廣播電台。到了抗戰末期，很多日本商人知道那一場侵略戰爭快要支撐不下去，就打餿主意，想籌措一些經費作路費，等到大潰敗時，好回到日本家鄉去。他們又不能不顧「法紀」，也不敢說日本軍隊要戰敗，就假借使地方上繁榮，給鎮子上安裝電燈和廣播電台，向鎮民們募款繳錢，而且只要銀圓，不要紙鈔。等到款項繳足了，大街兩旁的幾十根電線桿上新裝的電燈泡，眞的明亮起來。我還記得第一次明亮時，等在街上看電燈的人，都「哇」的大叫了一聲。

白天，在十字路口的大街心上，眞的有一個大喇叭播放出流行歌，所唱的歌曲只有一首，就是〈何日君再來〉。但它不是由周璇的唱片轉播的，是由一個日本娘們兒代唱的，發音吐字都不怎麼地道：

好花不常開
好景不常在
愁堆解笑眉
淚灑相思帶
今宵離別後

每當唱到「何」字時，咬字特別重，聽起來怪怪的。每一個會唱這道歌的人聽了，都會覺得換上我唱，也比她唱得好呀，眞是醜人會作怪。

好在每天只唱兩次，只廣播三天，一共唱了六次。電燈也只亮了三夜，每夜只亮一個多小時，就又陷入茫茫的黑暗了。因爲日本人是用臨時發電機，再靠河水發的電，錢一撈到手，再夜夜供應下去，會沒有路費回家鄉了。

爲什麼三天有電期間，只播放〈何日君再來〉一首歌曲呢？這中間就耍了花樣，牽涉到軍事上的問題。

現在我們稱呼日本人，是日本朋友。在八年抗戰期間，對日本軍閥的稱呼是日本鬼子。在南京上海一帶的日本軍隊，到了戰爭末期，知道自己要打敗了，又敗得不甘心，輸得不服氣，鬼子就是鬼子，鬼點子眞多，就想出一個鬼把戲，把〈何日君再來〉的「何」字，在他們印的歌詞上，改成了「賀」字，「君」字改成了「軍」字，這樣子一竄改，歌名和其中的幾句唱詞兒，就變成「賀日軍再來」了。尤其這一首歌的歌意，極適合女聲唱，唱給大男人聽，很過癮。日本鬼子這麼一改，就變成中國的漂亮小姐，向鬼子們敬酒，歡迎日本軍隊再回來了。一方面發洩即將戰敗的悲慘和惡劣情緒，一方面起了移情作用，把「賀」和「軍」兩個字當作美酒，陶醉在裡面，暈暈乎乎的。

日本鬼子的男人和女人都在唱，連只供應三天電的我們家鄉也播放六次，怪不得「何」字聽起來那麼刺耳。中國人又多，是四億五千萬，敵後的同胞不知道改了歌詞兒的，也在唱。這是〈何日君再來〉最紅的時期，達到流行的最高潮。

當然，免不了的，有不少逃到抗戰大後方的中國人，也糊裡糊塗地跟著唱，使它流傳的地區更廣。

這件竄改歌詞的事，屬於心戰工作，很快被我方敵後情報人員發覺，反映到重慶去。蔣主席也是蔣委員長親自下令，全國禁唱這首歌，免得日本軍閥在戰敗後再死灰復燃，兵連禍結。

下命令後不多久，到了八月裡，日本軍閥就在南京簽字投降。等到第二年五月裡，政府還都。出版〈何日君再來〉的那家唱片公司，將沒賣出的唱片統統收回銷毀，版子廢掉，廣播電台不再播放，這首流行歌便盛極而衰，從此以後便沉寂了。

在我的記憶中，勝利以後，周璇唱的〈拷紅〉、〈花好月圓〉、〈鵬程萬里〉等流行歌還在普遍流行，一直傳唱到政府播遷到台灣，也沒有停止，尤其是〈拷紅〉一曲，更是流傳得久，幾幾乎人人會唱，代替了從前的老歌。

直到二十多年以後，鄧麗君長大了，取代周璇當年的鋒芒，再唱〈何日君再來〉，唱片的時代已經過去，是錄音帶和CD的時代來臨，加上她在舞台上的演唱，風姿美妙，以及其他公司伴唱帶的出現，這首流行歌才又盛行起來。

筆者有幸，在去年的十月五日，一場藝文界的聚會上，遇見八十歲的俞天心先生，他就是抗戰時期的敵後情報人員——著名的長江一號。在酒席宴前，談起這段往事，不勝唏噓。

唉，周璇已化成灰，號稱小鄧的鄧麗君也歸於塵土。而流行歌沒有年齡的限制，經過年輕人再唱依舊年輕。凡是聽過老式留聲機唱過的人，卻都白髮蒼蒼了。

民國九十三年一月二十二日發表於聯合報副刊

三、怪病、針灸及其他

我搬重東西引起腰痛，沒有立即去求醫，是輕視運動傷害，認爲些微疼痛不是病，只要小心調養，休息一段時日，做做調節運動就可以恢復正常了。一百多天以後，右邊腰際的神經嚴重發炎，蔓延的範圍愈來愈大，到醫院去求診時，又誤掛骨科的號，拿當肌膜炎治，吃了三個月的藥仍沒控制住，才轉往針灸科和神經外科去，病灶沒找到以前，醫治了很久，得以見到許許多多奇奇怪怪的病，發下心願病癒之後一定寫下來，讓大家多一些經驗，萬一不幸染上這種怪病，才知道到那種醫院門診，去找哪一科的大夫。

我第一次去針灸科求醫，就被這種中國的古老醫術迷住。當我坐在椅子上等燈號時，看見兩個身材魁梧的人，架著一位病人走進玻璃門。那位病號又瘦又矮，頭和脖子向左邊歪，被一種看不見的痛苦力量硬扭著，他的左半個身體縮短一大截，肩膀也向左下方壓低，臉色蒼白，腮頰也扭彎一些，嘴裡大概想叫，卻發不出呻吟，只是一開一閉的。

等燈號的病患大約有三十多位，包括護理人員在內，都把眼光投向這位剛進來的病人，我心裡想，這麼重的病，攙扶到這裡來，等於直接送進太平間了。那位瘦小的病人坐又不方便，就那樣被攙扶到病歷檯前，由護士登記急診號碼。

醫療室內走出兩個人，屬於我的燈號亮了，馬上站起身走進去。裡面又分五個診療室，我進入第二間。醫生的頭髮半白，姓鍾，正替一個頭髮刮得光光的病人，下頭皮針。他是一位老兵，頭上扎了四、五根針，映著燈光閃亮。我不知那些針是不是扎到骨頭裡，看著有點害怕，又不好意思跑掉。正在這時，外邊一陣腳步響，那位左半個身體向下扭曲的病人被架進來。

鍾大夫扎完頭皮針，叫對方出去散散步，二十分鐘後回來拔針。下一位，我以爲輪到我，護士小姐卻笑著對我說，掛急診的先醫治，我又要在椅子上多坐一會兒了。

鍾大夫問清病情，叫護士替被架著的病號脫掉左腳上的皮鞋和襪子，他拿起一根針，蹲下去，叫兩邊的大漢把病人再抬高一點。我看得很清楚，那根針的尖子朝上，向病人的腳掌下猛一扎，在幾秒鐘以內，一種奇異的現象發生了。那個病人的左肩突然向上抬起，像右邊肩膀一樣高，扭歪的脖子也馬上變直，腮頰也不彎曲了，整個人左半個身體和右半個身體，變成平衡的，跟天平一般端正了，我和那二位攙扶的人都愣住了，覺得在不可能中出現可能了。

鍾大夫問病人：「你覺得怎麼樣？」

病人先前想呻吟都呻吟不出，現在卻回答說：「我覺得有一股熱力，像一條細線那樣細的熱力忽然向上一頂，從腳底一直頂到肩膀，又通向脖頸，把壓在左邊的幾百斤石頭一下子頂掉，換成舒服的感覺了。」

「記住，你的左腳下有一根針，腳掌不可著地，要抬起至少十五分鐘。」鍾大夫站起來說：「身體有病，是長久的生活習慣積壓成的，要做一次重新的調整。你不能老是站著，可以坐下來了。」又對那兩位攙扶他的壯漢說：「把手鬆開，他已經能平衡住，不會倒下去了。」

兩邊的人放開手，那位急診病人眞的輕輕鬆鬆的坐在椅子上。鍾大夫說：「這是痛風症，起初只覺得疼痛，嚴重時才變成抽搐，有些人的手和膀子，腿和腳會向前縮成一團，扳都扳不直。你們把他送到針灸科來，弄對了。」

病人說：「我在別的醫院裡已治療半個多月，越治抽搐得越緊，不管看任何東西都是歪斜的。有朋友介紹說：治這種病針灸有奇效，我才來試試。謝謝你，現在看任何東西都不偏不倚了。」

看見他一針見效，我也期盼著經由小的銀針，一扎下去，掃盡我半年多來的痛苦。鍾大夫問明我的病情後，和藹的拉起我的右手。我說：「不對，我是腰痛，不是手上有毛病。」

鍾大夫說：「針灸的醫理，講的是脈絡、穴道、血管，並不是哪裡疼就一定針哪裡。他的脖子和左肩歪斜，不是針腳底嗎？」

說完以後，他把針扎在我的右手背上。一面問：「感覺如何？」

我說：「腰上有一種軟軟的溫熱，舒服多了。」

「那就對了。」他說：「你拖得太久，不是一次兩次能針得好的。一個療程是一星期針兩次，星期一或星期四，也可以排在二、五，共針四個星期，還要到神經外科去拿藥吃，先治一個療程再說。」

也許上蒼要我多經歷一些人間的折磨吧，我不是一個療程就病除，以後仍常到針灸科醫治。

大概過了兩個多月，我遇見第二位難忘的病人。他有三十多歲，陪伴他的是矮胖的太太。我們都坐在診療室裡，由李大夫扎針。這位李大夫也是三十多歲，說話很幽默。在下針以前，爲了使病人輕鬆，更能達到針灸治療的效果，常常講幾句笑話。習慣上把女病人給予同一種稱呼，除了十二歲以下的小妹妹外，凡是成年的，即使七十歲的老太婆，都稱呼爲「大美人」。

我們坐在椅子上，李大夫剛打開病歷，正要詢問病情時，護士小姐進來說，有電話，李大夫出去接電話了。

我自覺年紀比那位病友大，瞧他的氣色又不像害病的樣子，就倚老賣老提議說，等李大夫回來時，讓我排在前面先看，他多等一會兒。

那位大嫂說：「我們從老遠的中壢來，排在前面，絕不能讓人搶先一分一秒。」

我說：「你先生又沒害什麼病，讓一讓有什麼關係？」

她說：「我先生外表上看不出像害病，實際上病得比任何人都厲害。這種病又少見，又麻煩，如果醫治不好，將成爲手腳齊全的殘廢。」

我問是什麼病，她說：「他朝前走時便一直朝前走，遇見馬路上的紅燈，或者該停下來時，他不會停下，仍然往前走，必須我拉住他，他才會停下。紅燈換成綠燈，該跨步走了，他不會跨步，又要我推動他往前挪，他才會跨步往前走。走後又不會停，該拐彎的地方也不會拐彎，非得要我拉住他，他才停，非得我扳轉他的身體，向左或者向右，他才會向左拐彎或向右拐彎。你說嚴重不嚴重？離開親人照顧，他已不能單獨行動。」

我似信不信，正在懷疑世界上眞會有這種病嗎？李大夫回來了，坐在病人對面，慢慢詢問病情，用原子筆記錄。病人姓廖，怔怔的已不會回答，都是廖大嫂代他說的：「他本來是小學老師，教學的成績很好。現在你給他一支筆叫他寫自己的名字廖品明三個字，他都不會寫了。」

李大夫拿出一張白紙，擺在廖品明面前，再給他原子筆，他已不會接，廖大嫂拿起他的右手，接過李大夫的筆，硬塞在廖品明的右手裡，讓他握好了。她再把著他的手，引領他在紙上寫字。但廖品明寫的不是字，而是胡亂塗畫。畫了大約有一分鐘，紙上出現各種亂線。

李大夫叫他停下來，他眞的不會停，仍在胡畫亂畫，還是廖大嫂抓住他的手拉到右下方貼牢，他才停住。李大夫對病人說：「你害這種病，正符合你的職業，顯得你非常高尚。過去你是模範教師，現在你更進一步，成爲全世界最標準的模範丈夫，因爲你是最聽太太指揮的人。」

說得廖太太和我都笑了，廖品明卻是怔怔的。

這種病是嚴重的自律神經失控，病人的腦子已不能下達命令指揮任何器官，即使指揮也不能控制得宜。也可以說，他的生理和心理年齡來了一次倒轉，又回到二歲到三歲期間，一切聽從母親的，離開照顧，他已無法生存了。

李大夫先在他的腦門正中間，靠近頭髮處，扎下第一根針。接著又扎下三、四針，都是頭皮針，有頭髮遮掩，不容易看清部位。

我是後針灸的，在我等待拔針的十五分鐘到二十分鐘的時間裡，廖品明已由李大夫拔去針，廖大嫂說過謝謝後，拉他站起來，廖品明才會站起來。推他走，他才會走。到了門口處，拉住他，他才會停，要不然，他會闖進對面的診療室去。

她又扳轉他的身體，他才會轉向出口處的通道。再推他的背，廖品明才會向前走，眞是手腳齊全的大殘廢。

經過針灸治療兩個多月，我再遇見廖品明時，他已能自己握住筆，寫出字。又治療一個多月，廖品明提著一個蛋糕，放在桌子上，向李大夫致謝，說他又能站在黑板前擔任老師了。

李大夫把蛋糕遞給護士小姐，要她分給同仁們吃，一面對廖大嫂說：「我特別恭喜妳，從今以後，妳不會被人家批評是管理丈夫最嚴謹的女人了。」引起大家一陣鬨笑。

李大夫的幽默配合治療，是出名的。無論什麼人聽見他的妙語，都會忍不住默笑。只有一次，一位五十多歲的病友被同伴帶進來，坐在桌子邊，李大夫連講兩次幽默的話，別的人都笑了，那位病人始終板著臉孔，腮頰上沒扯出一絲笑紋，也沒發出一點笑聲。他的同伴在替他報告病情時說，那就是他的症狀。在他回大陸家鄉探親時，親人朋友還有昔日的同學坐了滿堂，正當需要說說笑笑時，他突然不能說也不會笑了，甚至想說話也發不出聲音。這絕不是啞巴，啞巴還能咿伊喔喔的。

李大夫說：「原來是這麼回事兒，他是陪伴武則天女皇和慈禧太后的男褒姒。」

這句話一落音，大家又笑了，男褒姒卻仍舊木木的。李大夫叫那位同伴解開他的衣裳，在他的肚皮上斜著扎下兩針。男褒姒的臉上有點鬆動。李大夫又拿起第三根針，再向下斜一點，扎在肚皮上。一面行針一面引著病人說：「張開嘴，阿——阿——。」

男褒姒張開嘴，學著他阿阿的發音，隨後喃喃的小聲說：「眞悶死我了，醫生，我害的是什麼病？」

「瘖啞症。」李大夫說：「你在別處有沒有醫治過？」「跑過四、五家醫院，吃藥打針都沒見效。」男褒姒說：「爲什麼你一針就能發出聲？」

「理由很簡單，你是被兩千年以前的褒姒傳染了，點穴了。」李大夫說：「我這三針下去，替你解開了穴道。」

針灸的功效如此神奇，主治的大夫又這樣高超，我爲什麼老是不痊癒呢？由這些醫例證明，沒有任何醫術可以治好所有的病。我害的病，就不是針灸所能治斷的。後來我住進醫院，經過儀器檢查，膽囊內結出很多小石子，腰疼是膽囊結石引起的。經過開刀治療，取出膽結石就好了。李大夫也說過懇切的話：「醫生和病人中間要看緣份，緣份好的，針到病除，緣份不夠的病人只好轉科轉院。無論中醫西醫，都有一種最大的遺憾，醫藥只能治人的病，卻救不了人的命。有沒有醫緣，也要靠病人的智慧去決定。」

民國八十五年五月十二日發表於中華日報

四、深入作者的精神世界

沒有事的時候，心情煩悶的時候，我喜歡看書。跟一般人比較，我最滿意自己的一點就是：我是一個好的讀者。

舉例子來說，我很喜歡〈天女散花〉那齣戲，便找劇本來閱讀，想像天女爲了替一位僧人醫病，在太虛空中乘風駕雲飛來，天氣晴朗，陽光亮麗得無法形容。天女到了僧人廟宇的上空，把無限量的鮮花撒下來，方圓約佔幾十里，也可能是數百里，那麼多的花朵和花瓣紛紛往下飄落，有紅的、黃的、紫的、藍的、綠的、粉紅的、雪白的……變成滿天的花雨，冉冉的落向大地，不但醫癒了僧人的病，凡是花雨落過的地方，人們和萬物也都不再生病，那是多麼美麗祥和的景象。

接著又去想，編寫這個劇本的人怎會有這樣的創作動機呢？他一定是生長在寒冷的地方，看見雪花從天空往下飄落，全是白色的，十分單調，天空又是陰暗的，悶得人難受，便想像雪花若是變成各種顏色都有的鮮花，在陽光中飄落下來，那該多麼美好啊！他是位文學家，構思了這個劇本。就這樣，我深入到作者的精神世界裡去。

不管讀什麼書，只要是我認爲有價值的書籍，我都會作深深的思考，去解剖那部書。

初來台灣的第二年，也就是民國三十九年，我只有十七歲，在鳳山的圖書館裡，看到一部《台灣通史》，我心裡想，來到這個島上了，應該了解這塊土地過去的發展。那時書籍缺乏，貴重的書只許在圖書館內看，不許攜出館外。我不知利用多少個星期天和假日，終於讀完連雅堂先生的那部巨著，概略領悟到歷史的意義，以及整理思想的方法。

接著，我又想讀司馬遷的《史記》，只有高雄市一家書店裡有一部，是線裝書，用藍色的封套裝著，約有十幾卷，放在高高的架子頂上。我叫書店老問取下來給我看，老闆看我穿著軍服，又是個兵，一個月的薪餉頂多十二塊錢，而《史記》的價值是兩百多塊，如何買得起？便不肯取下來給我看。我靈機一動，就對他說：「我是在軍中圖書館裡服務，是長官要我來採購一部《史記》，我才要你取下來看一看的。你如不肯取，我就到別處去找。」他馬上滿臉陪笑，站在凳子上取下來，打開封套，讓我摸一摸那套書。那是我第一次向兩千多年前的司馬遷老先生握手。

在那段時光裡，我讀的小說和文學理論比較多，其中難以忘記的，是雷馬克的長篇小說集《凱旋門》、《流亡曲》、《生命的光輝》，狄更斯的《大衛科博菲爾》，金聖歎的第六才子書《西廂記》。這些作品我都是用分析的眼光去解讀。凡到手的每一部書都去分析，連《新舊約全書》也不例外，有一天，就發生一件奇異的事。

大約是民國四十六年前後的事，陸軍總司令部已遷來台北，留守在鳳山灣子頭營房的看管人員只剩下我一個，空下一大片營房，至少二十多幢大房子，只有我一個人居住，其中一幢營房內，堆滿了油墨，每一罐油墨值八塊錢，買一斤麵條只要一塊錢。我每天點燃油墨煮麵條吃，燃料比食物還昂貴。有時候點燃一罐油墨燒開水喝，那是我一生當中喝的最昂貴的開水，實在過於闊氣。環境太靜，不管向東西南北哪一個方向走，要走出半里多路，才能遇見同營區的軍人。有些日子，我把椅子搬到樹蔭下看書，只能聽見麻雀叫，偶爾有位朋友來看我，發現我住在那樣的地方，問我怕鬼不怕鬼。

那一天，我是坐在窗口裡邊的桌案子前讀《新舊約全書》，也祇是拿當文學作品欣賞的，由於讀得入迷，大約是下午三點鐘的時候，突然聽見一個聲音從我的心裡響起來，說了這樣一句話：「我不是存在的嗎？」我吃了一驚，覺得詫異，默默想著這是怎麼回事？再留神去聽，那個聲音就沒有了。這只是一剎那之間的事。

過了幾天，我把這次奇異的經驗對朱西甯講，他勸我說：「你聽見主的聲音了，就到教會裡侍奉主吧。很多教友們信仰一輩子，還沒聽過主的聲音呢。」但那時的我只有二十多歲，熱愛文學藝術，凡是對藝術痴迷的人，認爲藝術就是宗教，人只有一顆心，不可能有第二顆心去信仰別的。

直到民國五十三年，台灣的經濟起飛，開始大量翻印古書，我才以五十元新台幣買了一本精裝書《史記》，得以神遊太史公的精奧。後來，又繼續購買了《左傳》、《戰國策》、《資治通鑑》，以及一系列的史書，覺得史學跟文學一樣，眞是汪洋浩瀚。我從三十多歲就深入史學，爲時尚不算晚。

眞正感覺晚的，是直到花甲之年才信奉基督教。如果費心去研讀每一種教會的書籍，也是無邊無涯。以上是我閱讀生涯的一部份，讀歷史是從「台灣通史」開始的，信仰主耶穌是從《新舊約全書》切入的。前者是神交古聖先賢，後者是神會三位一體。想不到因爲愛好文學，卻結下這麼多的緣份。

五、華岡看燈海

颰風下雨的夜裡，我搭車到華岡去。車子穿過士林，漸漸馳上陽明山，外面風雨越來越大，在路燈的照射下，可以看得出樹木搖動，竹林子有斷折歪倒的趨勢。下了車，步行過一道羊腸小徑，停在兩邊夾著花圃的台階上，用手敲綠色的大門。敲了半天，朋友走來開門。問我敲了多久了。我說，大約敲了三分鐘。朋友連聲向我道歉，並且解釋著：

「那是因為風太大，吹得樹枝松梢兒呼哨響，掩蓋住扣門的聲音。」

坐在客廳的窗前，可以俯瞰到台北市擁擠的燈光，密密壓壓，宛如一片燈海。雖沒有晴天時的繁星多，縱橫成行，擠在行列間或圍在四週的，又一窩窩的雜亂堆聚，加上流動的燈光來回交射，卻比天上的星星更富麗，更吸引人。呆怔的看了半晌，也沒覺出朋友的太太端上茶來，忘記向她道謝。燈海裡又有許多霓虹燈彩色鮮艷，使人懷疑是雨後的彩虹斷成碎片，掛落在燈群裡。忍不住讚美道：

「啊，好美麗！好奇怪！」

「奇怪什麼？」朋友霎霎眼問。

「人間竟有這樣的景象！還不夠奇怪麼？」我說。

朋友默默的笑了一笑，向我低聲說：二十五年以前，他剛搬到這裡時，向下面望，可沒有這種景象。那時，通向士林的中山北路兩邊，還滿是稻田，靠近圓山動物園一帶，雖有幾家店舖，也只閃爍著點點燈光。想不到十年以內，中山北路會這樣繁榮，大廈擠著大廈，高樓連著高樓。

他一面回憶著，我只顧注意他的神態。喝了半杯茶，再轉臉一看，把我嚇了一跳。窗外黑漆漆的，什麼亮光也沒有，剛才眺見的燈海整個不見了。

我問：「這是怎麼回事兒？」

朋友呷了一口茶，抬頭看著我，眼睛裡流露出疑問的光。我說：

「那些燈呢？那些閃爍的亮麗呢？」

朋友也向窗外看一看，回答說：「被雲霧擋住了，等一會兒又會現出來的。」

「雲霧？」我疑惑的問。

他點一點頭，看著茶杯口冒上來的蒸氣。

「那裡來的雲霧呢？」我問。

「外面不是在下雨麼？」朋友說：「還颳著大風。在風雨中，自然會有霧氣黑雲的。」

「你是說，霧和雲會把燈海遮得全看不見嗎？」

「是啊。」

「那怎麼可能？」

「你住在山下，不是山上人啊。」朋友說：「只要在山頂住過一個冬季，就會明白霧氣多麼濃，黑雲有多麼險惡。」

「噢？」我還有點不信。「眞的？」

「其實，住一晚也能瞭解個大概。」朋友說：「你只要凝神窗口，窗戶就會回答你了。」

過不多會兒，有幾顆白白的珍珠從遠方出現，模糊又清晰，清晰又模糊，每清晰一次，數量比先前更多，光澤也比先前更亮麗，漸漸幻變成一片燈海，我才曉得朋友所說的話一點都不虛。

他的太太端上點心，我又只顧看燈海和雲霧的變幻了，又沒有道謝。

除了被山影和樹林所遮住的，似乎大半個台北市的燈光都現在眼底了。奇異的光芒，給人的滿足，覺得連帝王都沒有享受過。正當被光海迷惑住時，一小片忽然朦朧，黯淡，變得看不見。等它們清晰時，在它們旁邊的一片，又化爲烏有了。

朋友也在欣賞著，向我解釋說：「那是一小塊雲霧在移動。」

「怎會飄忽得那樣快呢？」我問。

「你知道山上的風有多大嗎？」他說：「颳得人直跑，連腳跟都站不住。」

「胡扯。」

「眞的，你想到東屋去，被颳到南屋裡，是常有的事。」嘴裡說不信，看見一小溜燈海熄滅得那樣快，又亮得那樣迅速，便把底下的話順著茶嚥到肚子裡了。

能望見的燈亮都閃爍在眼底，約有兩三分鐘，又快速的變得模糊，一群一窩的變黑，終於全部都看不見。魔術師用黑布蒙住鴨蛋，收到的效果，也不過如此了。我吃著蕃茄做的冰糖葫蘆，仍注視窗外。燈火再現出時，只有霧濛濛的一小片，大約是延平北路一帶的燈光吧，遠得多，更顯得似有若無，虛無飄渺的。

「眞有趣兒，」我說：「看見一小部份，又有特別的感覺。」

「不錯。」朋友說：「燈海和星空是一樣的，多有多的美，少有少的美。」

「眞沒想到。今晚來訪你，享受到神仙的樂趣兒。」我嘆吁的說。

「呀，你眞著魔了。」朋友說：「想在這裡住一夜嗎？」

「當然想啊。」我說：「不知方便不方便。」

「有的是毯子棉被。」朋友說：「你就住在客廳裡吧。我會把枕頭安排得靠近窗口，讓你沒睡著前和醒來都能看見燈海。」

床舖支好後，我便躺下來。這一夜，不斷的看到燈火在雲霧中幻滅，有的時候隱，有的時候現，不知自己是在人間還是天上，是在夢裡還是在霧裡。

六、陌生的聯想

有幾次從外埠回來，在西門町下車，時間是在深夜。由於霓虹燈廣告燈熄滅了，周圍一片漆黑，只有幾點路燈的光，稀落的照射著，商店的招牌模糊不清。平常很熟悉的街道，忽然感到很陌生，懷疑是汽車開錯了，把我送到一個從未到過的地方，不知道該往那邊走才合適。

要是碰在下雨的夜裏，心急著想找到一個宿處，轉臉亂望，看不到一塊旅館的招牌，頭上沒有雨傘，身上沒有雨衣，雨條兒斜斜的打濕衣裳，那就更感到惶惑了，從心底湧上一股淡淡的恐怖，以爲是處在一個不安全的地方。向前走幾步，覺得不對，又調轉頭走幾步，四下望一望，還沒有把握。徘徊了半晌，連方向都辨不清了，這就是平常所說的迷惑吧？

在白天，這裏是車輛接連車輛，行人捱擠行人的。每一個日上三竿的八點鐘，我都提著公事皮包，參加十五個小時內有五六十萬人經過的擁擠。汽油煙太濃了，落塵量更厚，加上警察哨子聲、嘈嚷聲、唱片行的音響聲、攤位上的叫賣聲……交織成一片，使人不做事也憑添疲倦。心裏就想，假如一個人沒有了，一輛汽車摩托車也看不見了，附近的街道馬路統統靜下來，會是什麼樣子呢？……呵！只有我一個人走在上面，獨佔了幾條街的繁華，雖不能看見什麼想要的就拿什麼，至少也有新奇感和新鮮感吧？

車聲靜寂了，人們不見了，商店的門面都關閉，馬路和街道黯黝黝的躺在前面，眞的只有我一個人走在上面了，朦朧和生疏產生的恐懼，反而掩沒了平時的假想。不能停留，不敢站立，心裏只想找一個溫適的地方。疲憊感被另一種可憐的情境代替了，才知道自己並不瞭解自己，人眞是捉摸不定的動物啊！

大概這是黑夜引起的不安吧？如果情況顚倒一下，車子從外埠開來，停下的地方是西門町，等我下車後又開走了，我展眼一看，一個人也沒有，一輛車也沒有，頭上有太陽照射，高樓大廈都包在藍藍的天空裏，心情多半會不同的，八成就有新奇感或新鮮感了。

三十年以前，不就出現過類似的情形嗎？軍隊撤退了，敵人要來了，人們逃光了，故鄉的街道變成眞空的。當時，只有我一個人站在上面，看不見平常親切的景象，聽不見狗叫，也聽不見雞啼，眼淚都淌下來了，心裏是酸酸的。那是更悲涼的情景了，何曾有一點新鮮感呢？

即使當時沒有敵人要來，是太平的年月，街道上突然沒有別人了，只有自己站在上面，心情也不會改變多少。人是需要親鄰，需要朋友，需要安慰和溫暖的。代表那些的東西一下子不見了，自己還剩下什麼呢？

西門町不是我的家鄉，卻是我常常遊逛的地方。它不能變成冥王星、海王星，不能變成外星球啊！

七、緊張的一剎那

我剛剛踏上電扶梯，站在最中間，一隻手提藥袋，一隻手拿著雨傘柄。旁邊有一個中年人搶著上去，跟我踏上同一階，擠了我一下。電扶梯向上昇起，由平面的已變成一楞一楞的階梯。爲了禮讓那個中年人，我向後退了一階，右腳沒站穩，左腳也不知該往何處放，身體突然失去平衡，仰臉向後要摔倒，全身彷彿通過一股電流，以爲自己要完蛋了！就在這剎那之間，一位小姐在後面扶了我一把，她用的力量剛好使我能站直身子，才沒有倒著頭摔落下去。

這一跤要是摔了，我的性命多半會結束，因爲是頭朝下跌在一楞一楞向上快速昇起的階梯上，後腦勺會受到擊撞，先出血，再冒出腦漿！人會陷入昏迷，即使留住一條命，送進了醫院急救，後面的脊椎骨也會跌斷成三四截，落一個終生癱瘓。

在我被扶穩的片刻間，電扶梯仍然向上昇起，我連聲向那位小姐說：「謝謝妳，謝謝妳，要不是妳托住我，我的性命就要完蛋了。」那位小姐反而笑著說：「沒關係，不用謝，老先生，以後搭電扶梯，一定要先扶住旁邊的扶手，就不會出危險了。」

電扶梯昇動很快，等我走到最上邊，再回頭一望，身旁只有那位小姐，匆匆的走過。後面再沒有別的人了，只剩下一楞一楞的階梯，仍然向上昇起，我的身上禁不住流下冷汗。

這件事發生在六月十八日，星期三下午三點鐘光景，我從榮民總醫院看病回來，在永和市的頂溪捷運站下車，離開車站的傾刻間。

回家後，我把這件事告訴太太，她對我說，以後要多多當心，畢竟你是七十歲的老人了。晚上六點多鐘，大女兒下班回到家，我又把這件事向她述說一遍，大女兒對我說，你以後搭捷運，不要搭乘電扶梯，可以改搭電梯，那是專供老人用的，就不會發生危險了。我仔細一想，還是大女兒說得對。

最遺憾的是，在這次危險當中，下了電扶梯以後，那位救我一命的小姐走得很快，我忘記問她的姓名、電話和住址，以後應該好好的謝謝她。在她扶住我那一剎那間，直到她離開以後，我只顧穩住心神，只顧流冷汗了，連她的像貌和衣著都沒看清楚。

更奇怪的是，不管我對自己的太太還是大女兒，談起她扶住我的那傾刻之間，身上還在流冷汗。

八、當一次詩人真是李白

看中央日報副刊，我要把目的定在尋找娛樂上，而不是在尋找知識。我常常到臺北市走訪各大小圖書館，那才是知識的寶庫。看中央日報副刊，另有一項工作，就是把自己所寫的文章剪貼下來，農夫播種很愉快，收割時是更大的快樂。沒有光播種不仰望收割的農夫，即使是神農氏。

大多數讀者包括我自己，都把我定位爲小說家。說來很難令人置信，我最早發表在中央日報副刊上的作品，竟是一首新詩，後來我看了許多現代詩，最近幾年寫了數十首五言詩和七言詩，而第一篇發表在中央副刊上的，居然是一首現代詩。那是民國三十九年的事，我用的是筆名發表。除了我自己，別人也無法查考。

我還記得，那首詩的稿費是五元新臺幣，可以吃五碗牛肉麵。稿費就到鳳山中央日報分銷處領取，眞是方便！請朋友陪我去的，看一場電影，吃一頓館子，稿費就剩下零了，當一次詩人眞是李白！

從孫如陵先生主編中副起，我便經常發表小說、散文，或寫一些理論性的文章，大多數爲談京劇藝術，別的文章家以這塊園地娛樂我，我也耕耘這塊園地來娛樂別人。寫寫剪剪，匆匆度過了數十年，時光實在太短了。

近來有一個怪現象，正哩八經的文藝小說和散文，很少有出版社敢於出版了。沒讀者！這是有線電視台開放播映以後的事。每個家庭的電視機可以看到各國的俊男美女演的電影和電視劇，還有舞台劇錄影轉播，嚴重的削弱了人們的想像力。現在正坐在咖啡廳裡談笑的青年朋友，都是看卡通片長大的。他們也讀課外書，是什麼？漫畫故事！這種書籍跟卡通片最接近嘛。

還有一個最大的原因，使青年讀者遠離文藝書籍了，那便是作家們自己使用的語文文字，太偏離語言系統了。也就是說，用新的文言文寫文章，比古文還難懂。自由的太自由，浪漫的太浪漫，艱澀的太艱澀，老天爺！教廣大的讀者群怎樣消化呢？想找娛樂的人走了，舞台自然落幕了。

有一個階段，某些副刊競爭激烈，大幅度美化版面，每天都要出一些新花樣。那也不是讀者想要的，使讀者想找某一篇連載的文章，頗感費時費力。長時間美化下來，也嚇跑一些老讀者，新讀者更培養不起來。

中央副刊有一個長處，數十年來，主編和編輯的人員常常更換，版面的習慣性卻一直未變。這塊園地裡刊出的文章，不管怎樣創新，絕不偏離基本語言太遠，換句話說，守著正正派派的白話文。可以體會得出來，並非作者都遵守主編們的原則，而是編輯們在審稿上，限定在某一主觀的尺度。合適的，留用；不合適的，馬上退！這是什麼尺度呢？提供給大衆娛樂！畢竟讀者們都是小市民，並不是想研究語言文字改變的，也不是研究某一種學術的。

我先脫帽鞠躬，再說這句話。如果大家都能照中央副刊的原則做，我們的文藝作品還有出路。第四台並不可怕，可怕的是我們自己浪費自己！

九、漫畫圖書泛濫成災

在二十世紀六十年代中間，臺灣的兒童文學嚴重缺乏，書坊裡只有《安徒生童話》、《二十四孝》、《木偶奇遇記》、《格林童話》等少數的幾本書。文藝界的先進林海音女士、潘人木女士和林良先生乃應運而起，提倡兒童文學和少年文學的創作，且親自執筆寫了一些適合兒童和青少年閱讀的作品。連更年長的作家楊逵先生也寫了一本《鵝媽媽出嫁》，表示他童心未泯以及對後生幼苗的關愛。幼獅公司和爾雅出版社也相繼推動，才使兒童文學逐漸蓬勃起來。

同一時期到七十年代開始，臺灣由一家電視公司擴充到三家電視公司，所播出的青少年和兒童們看的節目，也只有法國版本的卡通片《西遊記》和《小英流浪記》等少量的幾部片子。孩子們所需要精神上的娛樂，並不能得到充分的滿足。

那時的人口比較少，社會的需要量也不大，已經有很多家長和學校老師們提出來，如果三家電視台不關門，很多小學校和國中只好關門打烊了。他們抗議的不是那些卡通片，而是電視劇裡所播映的戀愛和武打節目，深深影響了孩子們的身心，導致在校牆內外的行爲都失序。

還算好，有那些文學讀物在調節，不良電視劇的污染還不算太大。

不幸的是，孩子們看卡通片和電視劇以及電影等畫面性質的娛樂節目時間長了，形成習慣上的認同，漸漸對文本性質的讀物懶怠翻閱。別說是成人文學讀物，普遍是白紙黑字，要透過想像力去理解，必須經過一個學習階段；就連帶有揷圖的兒童讀物和青少年讀物，至少要透過一部分想像力去理解的，他們也慢慢疏遠。老坐在螢光幕前邊也是很累人的，又必須找一些文本類的消遣讀物來調劑一下，在這種情形下，大量的漫畫書籍乃應需要而產生，慢慢的囂張起來。尤其在第四台播出以後，打開電視機，至少有幾十個頻道可以在不同的時段裡收看電視劇和電影，屬於舶來品卡通片的，如《櫻桃小丸子》、《名偵探柯南》等等，約占供應量的五分之一到三分之一。我只是觀察家，不是社會學家，更沒有作過實地的調查，只是概略的估計，少說也有百分之六十到百分之八十的孩子們，看慣了卡通片，在接觸文本時，極自然的去閱讀漫畫書籍。因爲在視覺上，它們最接近卡通片，衹是把聲音的部分變成文字對話，用來慣穿整個故事劇情罷了。不要說前面所說的那些淑世的作家和出版社推動的正規兒童文學和青少年讀物對抗不住，就連坊間一向流行的戀愛小說和武打小說，銷路也大受阻滯。漫畫讀物由囂張而慢慢形成泛濫，對整個的國家社會，已造成不小的侵蝕和傷害！

你只要抽出時間到住宅附近的街巷裡去轉轉，就會看到大型小型的租書店內，擺滿了漫畫故事書籍，取代了過去的戀愛小說和武俠小說。要是你推門進去，流連個十分鐘到半小時，就會驚訝的發現，坐在硬沙發上看漫畫書的，和走進店裡租書的，大半都是十八歲以上的青年朋友和三十多歲的成人。身份則包括高中生、大專生、公教人員、男女護士、工廠工人、家庭主婦，甚至連大學教授也成部成套的借去欣賞，而小學生和青少年反倒是其中的少數。

沉浸在漫畫故事中的結果，有一種自然的現象，就是成人心理幼稚化。他們的年齡已超過二十歲，甚至到達三十五歲、四十歲，而心理上的年齡卻停留在小學五、六年級、國中生心理、高中生心理，最成熟的也只是大專生心理。而我們的國家地理位置、歷史重擔，和現實需要，必須走向高科技的現代化，每一年都要培養大量的人才，投向國與國之間的配合及競爭！政治只是後盾，所推動的是經濟掛帥，一切向「錢」看！整個社會形成激烈的競爭！

據媒體上報導，我們也相信那是經過詳細調查的數據，臺灣最近某一天有十八個人自殺，而且自殺的年齡越來越降低。搶劫和殺人案件，若照人口的百分比計算，也較很多國家偏高。最令人啼笑皆非的，是任何一處寬窄馬路長短街巷和大小門口都會偶然發現疑似爆裂物。另外，恐嚇電話和敲詐信件，也都像置入沸水中的寒暑表，呈快速的直線上升。

在搶劫銀行和超市商店的案件中，根據線索捉到的暴徒，都是十八、九歲和二十多歲的青年居多，在警方和檢察官的質詢下，他們的供詞竟是「實在需要錢，不得不玩一票。」有的甚至說：「想買一隻大哥大，不去搶就沒有。」

那些裝置疑似爆裂物的箱子、筒子旁邊，總要留下兩句恐嚇話，寫在紙上或牆上，嚇得附近地區形同戒嚴。經防爆人員安裝儀器引爆後，結果虛驚一場，箱子裡裝的是陶瓷茶具，筒子裡塞的是布娃娃和廢報紙。

恐嚇電話和敲詐信函，有些很難查出，經過科學方法破案的，逮捕到的疑兇也都是二十來歲的年輕人。

所有這些案件都應驗了那句順口溜：「只要我高興，有什麼不可以。」出動防爆人員、維護治安的警察去圍捕，只是治標的。追本究源是來自漫畫讀物和卡通影片的泛濫，內容偏頗怪誕，造成很多人超過成人的年齡，具有成人的肢體，卻懷著小學生心理或青少年心理。

根據這個，我們就很容易了解那些跳樓、服毒、上吊、投海、引火自焚等事件，是怎麼來的了。一個肢體健全的成人，心理上還停留在小學生和青少年期間，受不了激烈的社會競爭，付出的努力得不到他預期的效果，秉性又善良，遭受挫敗失望之餘，用不正常的殘酷手段自裁，是唯一解決的途徑。平添親人的悲慟，以保持自我的尊嚴！

密切相關的，是這一嚴重的悲劇，隨著服兵役的年齡限制，很自然的帶進軍中。一群一群年輕人從穿上軍裝的第一天起，接受嚴格的訓練，要在預定的進度和時間內，錘煉成能上戰場作戰的兵！所受的磨折和打擊，比社會競爭更冷酷十倍！

筆者記得，在民國四十三年春夏交替期間，我在高雄第二總醫院看顧過一位自殺獲救的尉級軍官。那位軍官有一段不幸的過去，在他出生後不到一年，因父母親感情破裂，母親離家出走，他從嬰兒時期就缺乏母愛。長大到二十多歲，一直想像自己是個嬰兒，常常在夜間臨睡以前或一覺醒來，躺在床上，嘴裡發出吸吮母奶的聲音。他就是在這種幼兒心理下，承受不住工作的枯燥和壓力，服下安眠藥自殺的。請各位想想看，在漫畫圖書泛濫成災的今天，那些心理上還需要母親慰撫餵飯的大專兵，面對的卻是排長、班長的命令，一個口令一個動作！他的自尊心又強，實在支撐不住了，也只有採取自裁解脫一途。值得同情的是，只要發生這種事件，國防部的高級官員和他所屬部隊的各級長官，都是連聲的向家屬們施禮道歉，連帶的也給予損害賠償。但眞正追究起原因，是社會上弄出的問題，卻讓軍中承擔了後果。

從前兒童讀物缺乏，孩子們除了看少量的童話故事，都以成人的讀物補充不足，大多造成心理早熟、年齡幼小，產生的是其他的社會問題。老藥方不能治新病，新病還要研究新藥醫！

在二十一世紀剛剛開始的第一個春節期間，臺北市舉辦國際書展，赫然發現《肉蒲團》的情節，也以漫畫圖書的繪影出現，引起一陣大嘩。聲浪尚未消失，日本小林善紀的畫本中，又污辱我們的老阿嬷在二次世界大戰之間被迫爲慰安婦，說是她們自願的，且引以爲榮，引起殘存的幾個老阿嬷哭訴抗議，要討回公道。乘著正檢討漫畫書的時機，我建議有關當局要來一次總檢查，絕不止兩本漫畫圖書有問題，既然囂張荒唐到這種程度，根源一定不少也很深很深了。

二十一世紀開始的現代，國家正邁入政黨輪替式的民主，我們必須珍惜這種成果。維護民主端靠法治，前面我說的那些塞滿漫畫讀物的租書店，導致成人心理幼稚化，是社會問題的根源之一，欲找到強有力的證明，就要從漫畫讀物和卡通片的內容上著手，徹底輔正。木頭因細菌而腐朽，細菌卻永遠滅不完，萬一實在匡正不盡，我們仍要以推行自由民主為榮。使人遺憾的是，維繫自由民主所付的代價雖不能算非常鉅大，也實在不小不小。

逍遙遊卷

一、日月潭的秋天

八月初的日月潭，盪漾著藍藍的秋水，倒映著長空。古代的文人把美女的眼睛比喻爲兩汪秋波，西湖的波光是西施的眼睛，日月潭應該屬於海倫的，藍中帶碧。

九二一大地震過後，遊客們多不來日月潭盪舟，把一泓好水和青山明月，留給幾位跳搖滾舞的青年玩賞，實在可惜，辜負了海倫的青春。

我們知道了這個，從遙遠的臺北趕來，探望海倫的嬌媚，住進哲園大飯店。

房間的玻璃長窗外面，就是環繞的青山和瀅瀅的潭水。長窗是可以拉開的，走出去便是陽台，放著兩把椅子，夾著一個茶几。我一面喝茶，把釣竿上的長絲垂入潭中，抬頭向四面望，最遠處應該是涵碧樓、孔雀園、教師會館那一帶，可惜山巒像衣帶，輕輕向潭心繞，擋住很多遠景，加上太陽漸漸墜入山後，光線漸暗，何處是涵碧樓，何處是孔雀園，那裡是那裡，都天朦朧月朦朧了。

鈴聲響動，我擎起釣竿，釣起一條大魚。

同行的陳主任，弟弟娶了日月潭的公主，她就變成公主的姑姑。由她介紹，晚餐是在「眞好味小吃館」吃的。這家小館是邵族人開設，烹煮煎炸，儘量用原住民的佐料，保持原始風味。有野豬肉、山雞肉、鹿肉、各種野菜，再配上一般的菜蔬，加上我釣上來的那尾鮮魚。喝的是小米酒，味醇略甜。知味的朋友對我說，它的後勁頗強，喝多了會醉倒，耽誤月下遊潭。

推開酒杯，要先去九族文化村，看歌舞表演。這是這一次的行程中，一個不能沒有的節目，也是公主的姑姑安排的。

我大概眞的醉了，在步行往文化村的路途中，不禁想起幾十年前的往事。

初到臺灣時，看見騷人墨客寫的遊記，盛讚日月潭的風光。那時的毛王爺，正屬中年，是邵族的酋長。戴著羽毛王冠，胸前佩著一串串明珠，站在部落或者文化村的前面，成爲中部山川的地標之一。他威風凜凜又和藹可親，常常忘記年齡，陪著遊人照相，不管他是三十歲還是十八歲。對著一瓶美酒，只要你有興趣聽，他也會講述許多山地鄉的故事，無論是曹族的、泰雅族的，還是卑南族的……。使聽的人感覺到他不僅是一族的酋長，而是九個族共同的酋長。

還有那兩位年輕美麗的公主，能唱出嬌脆甜韻的山歌，也能跳出輕巧曼妙的舞姿，彷彿造物主故意生出她倆，讓周圍的山水苦惱苦惱，對她倆產生妒意。只要在舞台上出現，唱起來或者跳起來，不知風靡了多少遊客。在當時的臺灣，她倆的芳名可以和電影明星和京劇名伶媲美，是無人不知，連孔雀園裡的孔雀都艷羨的。

我曾在一個假期，和幾位朋友遊覽名潭，陪毛王爺喝過酒。在華燈初亮之際、又坐在舞台前面，欣賞山地的歌舞。在節目快終了以前，大公主和二公主邀請賓客登到台上，和所有的山地青年和山地姑娘，載歌載舞，歡樂的情緒達到高潮。

我還記得在兩位公主的伴唱下，我們共同唱的一支歌曲是：〈寶島姑娘〉。

那支歌曲在五十年代流行很久，讚美著十個民族的姑娘——原住民九族以外，還應該包括漢族姑娘，不能夠以人多人少漏列的。

想著想著，不覺已到了文化村。在黯黝黝的燈光下，我看見一幢寬大的平房，屋門掩閉，靜寂無聲。屋頂的幾個大字是橫寫的：「毛王爺之家」。那種靜寂影響了我，悚然一驚，忍不住問導遊人：

「毛王爺呢？」

「早駕崩了。」導遊說。

我在心裡細細一算，四十多年的歲月已過去，嘆吁著說：

「那樣一個可欽敬的人，怎麼也會消逝呢？」

「唉——」導遊說：「青山也會衰老啊……」

「不錯，」我補充一句：「松柏也不能長存。」

到了土產展覽室，有幾位中年婦人招待飲茶。這間展覽室的隔壁，就是歌舞廳，在人手不足，一個人當兩個人用的情形下，展覽室也就變成歌舞廳的另一個後台。幾位穿著邵族服裝的青年，在招徠客人，介紹架上的野蜂蜜、小米露，和一罐一罐的紅茶——它們都是這一個春季和初夏採摘下來的。味道香醇，能沁人心肺，就怕你忘記帶幾樣回去，白跑一趟。

我向一位穿古裝的青年人講好價錢，要買一瓶野蜂蜜。他要趕往後台補裝，我要趕往前排的座位上欣賞，兩下裡約定好，節目散場後再購買。

坐在座位上，燈光漸漸暗了，舞台上的照明卻突然增強，一位邵族的青年，也是節目主持人，向我們致詞，約略介紹一下邵族人的生活，便開始第一個節目：「歡迎嘉賓舞」。

十多位年逾花甲的老太太，身體還很矯健，大聲的唱歌，一面跳舞。節目主持人用旁白介紹說，民國三十七年，蔣中正總統就任時，她們曾在南京表演，代表九個民族、祝賀民主的誕生。那時候，她們還是十五、六歲的少女，一眨眼間，五十多年已過去，當年是六十餘人的歌舞團，現在只剩下這十多位了，其中的一位，正是他的老祖母。

我禁不住一陣心酸，又有點興奮，本能的大聲鼓掌。由於我的帶動，全場響起熱烈的掌聲。

七十多歲的老太太們，年輕時曾在南京市的舞台上又唱又跳，祝賀國家的青春、和平時代的來臨。那是怎樣的盼望？怎樣的祈禱呵？可惜只有一轉瞬間——短短的兩年，政府便遷移到臺灣，國家又面臨新的挑戰新的傷痛。這不是戲劇，只是時間和空間的強烈變動。再一轉眼間，又過去半個世紀，當年的少女已變成白髮，時代的一片大幕，也在背後漸漸的轉換了。

而邵族人，一直過著耕種收割的生活，陪著太陽昇起、月亮西沉，始終沒有改變。接下來的三個節目：「杵音」、「邵族祈禱舞」、「日月潭慶豐收」，都在表現那種悠閒幸福的歲月。他們裡面，也有音樂家，也有編織舞蹈的高手，把那種生活藝術化了。

隨後上台的，是一位穿著藏青色衣裙的少婦，頭上戴著圓形帽子，兩邊垂下的穗子是閃亮的一串一串的明珠。帽子的左上方，插著兩根白色的雉雞翎，高高的挑在燈光中，配合上圓圓的臉蛋兒、紅紅的小嘴，那身古典的服飾，再加上下面一雙天然的赤足，一面走動，一面歌唱，姿態優雅又浪漫，台風是那樣的美妙，歌聲是那樣熱情又迷人。她的每一個動作都恰到好處，每一位觀衆都感到被她的歌聲和風韻吸引住，忘記了自己。我更在心裡暗暗承認，這樣的歌聲只應該天上才有，我們不是在文化村，而是昇華到月宮中了。

一曲終了，台下高叫「再來一曲」。她鞠躬點頭答謝。坐在我身旁的導遊說：

「她就是日月潭的公主。」

眼睛一花，我又看見幾十年以前的景象，另兩位公主唱歌跳舞的風姿。忍不住說：

「過去的公主已老去，現在的公主也不減當年的風采，日月潭還是日月潭，公主的風華永遠絕代。」

「你知道這位公主姓什麼嗎？」

「姓毛。」我說。

「猜錯了。」導遊說：「她姓袁。」

「怎麼會？」我問。

「邵族中有三大家族，毛、袁、張。這位公主是三大家族的，已具備公主的條件。」導遊說：「基於文化村的歌舞廳的需要，她是被選舉出來的公主，又是位歌唱明星。家族、身分，再加上民意和天賦，她比任何人更適合那兩根雉雞翎了。」

我笑著贊成說：「這種選舉很有趣，連公主都要通過多數的選票。」

談話之間，那位美麗的公主已從觀眾當中，徵求一位男士走到台上，陪同她唱著：

高山青
澗水藍
阿里山的姑娘美如水
阿里山的少年壯如山……

陪她齊唱的青年，正是年輕的畫家——和我們一起旅遊日月潭的。在悠揚的歌聲中，我又想起四十多年以前，我曾站在台上，和另一位年輕美貌的公主，合唱〈寶島姑娘〉。時間久遠了，印象一會兒清晰、一會兒模糊，在音樂聲裡，彷彿都是一場春夢。當〈寶島姑娘〉的歌聲清楚時，現在是一場迷夢。當〈高山青〉的歌聲清楚時，過去又變成一場迷夢。到底何者是夢，何者是眞？我也惘然了。

仍由公主領頭，最後一個節目是「大家來跳舞」。很多觀衆都被請到台上，不管是和我們同來的，和我們不認識的，凡是有興趣的朋友，都被拉到台上，共同參與這一個不分種族的歌舞表演。

有一位穿著白上衣、紅裙子，寬邊帽上也插著兩根白雉雞翎的女子，也被請到台上，唱著山歌，和大家共舞。她的腳下穿著高跟鞋，身材婀娜多姿，跳的舞步十分熟悉輕巧。在那麼多的男士女士中，她和那位公主的舞姿最引人注目。一個是古裝的，散發著古典美。一位是現代的，奔放出流行美。我看得入迷，忍不住叫：

「好，好，實在太好了！那位穿紅裙子的，頭上也插著雉雞翎的姑娘，是誰呢？」

「她就是嫁給陳主任的弟弟的，另一位邵族的公主。」導遊說。

「怪不得她和別的姑娘們不同，頭上也佩戴又長又好看的雉雞翎哩！」

說著說著。我不禁長長的嘆了一口氣：「唉——」

「這麼好的節目，別人都在拍手叫好，你怎麼大聲嘆氣呢？」導遊問。

我一點也不害羞，一點也不遮掩的說：「我眞懊恨我老了！生爲一個人，爲什麼要老呢？

爲什麼不能永遠年輕呢？……唉，唉，我實在太老了！不能上台和她們共舞了。」

導遊和陳主任都嘻嘻的笑。導遊說：「你不想知道這位穿紅裙子的公主，姓什麼嗎？」

我調侃的說：「你猜對了。她姓什麼已不重要，我只知道，她在台子上是一位公主，到了廚房裡，是一位漢族的媳婦，要隨丈夫的姓了。」

公主的姑姑笑著說：「這是我們陳家的光榮！」

歌舞終了時，每一位遊客都感到意猶未盡。燈光要熄，我趕緊走到展覽室去，向那位穿著古裝的青年，買了一瓶野蜂蜜。

第二天一早，我從飯店的房間中醒來，看著長窗外的日月潭山水，遠山上面，騰起一縷縷的薄嵐，彷彿輕紗，遮掩著綠樹，很像一幅潑墨畫。爲了視界更遼闊一些，我走出哲園飯店，步上一座長橋，站在六角亭上，向近向遠，向左向右，欣賞了約有半小時，心裡不由暗想，可惜不能把這些風光，帶一些回去。美麗的日月潭呵，秋天總會過去，等到明年春天時，更美好的風景，留給誰呢？

二、茄冬神木外一章

茄冬神木矗立在隴起的山坡上，向上也向四面伸出枝枒和綠葉，撐起藍藍的天空。隔開很遠的周圍，是那些小樹，花木和屋頂。比它高的，只有更遠方起伏的山巒了。在想像中，若是把神木的綠葉全去掉，剩下的只有乾枯的禿枝，那將非常難看，彷彿魔鬼伸出的巨爪，能夠撕裂掠過的白雲，也能捉住流浪的飛鳥。

這是遠望給你留下的印象，走近一點細看，它的樹皮上長滿青青的苔斑，有的突起，有的凹陷，變成一塊一塊龍鱗，顯示出年齡的蒼老。令人想像不到的，也覺得非常奇怪的，樹心居然是空空的，只有周圍一層圓圓的骨幹，又硬又堅挺，插進山坡的土壤，讓你聯想起骨幹下面都是根鬚，深深的鑽入山的脈絡裡。

神木有一面，離地面半人多高，破了一個橢圓形的大洞，好像造化能通靈，故意在它的肢體上開了一扇窗，遊人可以把頭伸進去，觀察它空空曠曠圓圓大大的肚子裡，什麼也沒有，宛如一間圓形的屋子。不由的，把頭側轉來，仰起半邊臉再往上望，你又會發現，茄冬神木的分杈處，也是空空亮亮的，開了一個大大的天窗，上面只有綠葉披蓋著，作爲天窗的點綴。

如果你是喜歡打麻將的人，你就會看出它的肚子裡可以放下一張麻將桌，四把椅子，坐下四個人打麻將，周圍再站著幾個看二行的。當然，這只能限於晴天，要是下雨就不行了，上面的天窗會漏雨。天上的雨有多大，漏下來的雨就有多粗，有多長。

導遊先生可不是這麼介紹，他對遊客們說，這棵神木的肚子裡，可以站得下十六個人，但只限於瘦子，還得擠擠捱捱的站。接著，他走到樹的另一邊，偏著身子，從一個空隙裡側轉兩下，鑽進樹幹裡面去，站在那個圓圓大大的空間中。你再走到他鑽進的部位仔細看，這才發現那裡裂開一個狹長的縫隙，等於開了一個小門，門裡又有一根彎曲的柱子——是扇形的樹根，和上面和地心是連著的。

導遊在神木的肚子裡走了幾趟，再側著身子，反方向的從柱子和門口擠著走出來，笑著對大家說，滿好玩的，凡是能走到神木肚子裡的人，都會沾上神木的仙氣，必然會長生不老。有一位苗條的小姐偏著身子走進去了，站在肚子正中央，另一位小姐站在窗口外面，按響照相機，卡嚓！替她照了一張相。

另外又有三位小姐走進去，四個人站在一起，合照了一張。

這是一個難得的鏡頭，也是一次難忘的回憶。我們深深的認爲。

這棵茄冬神木到底有多高？有多大？有多麼老呢？據植物學家測量說，它的高度是二十公尺，腰圍六公尺，枝葉很茂盛，呈環圓狀披蓋下來，覆蓋的面積約有三百平方公尺。

「樹齡呢？」我問。

「三百多年。」導遊說。

「樹的肚子空了，沒有年輪，是怎樣算出來的呢？」我又問。

「那要去請教植物學專家。」導遊說：「是他們研究出來的。」

每年來參觀神木的人，都懷著各種不同的心情，有的祈福、有的還願，眞把這棵樹幹空空的巨木，當成了神。

靈不靈？神不神？只有主人知道。

神木的主人出現了，先用手抹去那些生在樹皮上的青苔，鄭重的說：「有一位深愛這棵茄冬樹的先生，愛到什麼程度呢？可以說迷戀上它，想連根遷走它。出價三百萬元新台幣，要我賣給他。你們想想看，我能跟他做成這項交易嗎？擁有三百萬元的人不知有多少，能擁有這棵樹的，有幾個？」

「只有你一個。」有人說。

「爲什麼？」

「因爲長成這樣的茄冬樹，只有一棵。」

「實際上，不只我一個。」主人又笑一笑說：「凡是生長在北港村的人，共同擁有它。我是直接守護它的主人，同村同土的那些人，不管上面有多少代，下面有多少代，都是和他生命相關聯的人，大家共同擁有它。」

「它成了本鄉本土重要的標誌。」導遊說。

「每一年，來欣賞它的人到底有多少呢？」我又問。

「那是很難統計的。我只能告訴你，太多了，實在太多了。」導遊說：「所以要在本村的浦尾段，闢建一處停車場，叫『茄冬神木停車場』，離神木兩百公尺，在台二十一線上。」

「那就是我們剛才下車的地方。」

「對了。也是各位再上車的地方。」

等我們回到停車場上，在車裡坐好了，他又說：「現在，我們再出發到另一個景點，去看看糯米橋吧。」

糯米橋

車子仍在台二十一線上行駛，頂多十餘分鐘，停在一處寬敞的地方。我們魚貫著下去，再向前步行一段路，便望見溪水上邊，通向兩岸，高架著一座橋樑。給人的第一個感覺，它背負過悠久的歲月。

那便是糯米橋了。

使我們感到遺憾的是，橋身的週圍都搭起竹子製的鷹架，連橋頭都用欄杆堵住，上面掛著牌子，寫著的警語是，橋樑正在施工，禁止通行。

我們來的不是時候，也可以說正是時候。

如果我們是來遊玩的，不能在橋身上來回走兩趟，或者停在中間，把頭探出去，看看水中有沒有自己的倒影，享受一下短暫的詩意，那就太難補償了。而我們這一趟來，是參觀訪問的，想了解九二一大地震之後，國姓鄉所蒙受的災情，以及重建復原的光景的。看見那些密集的鷹架，彷彿人的身體上綁著繃帶紗布，正為糯米橋療傷止痛，這眞難得一見，也深具意義了。畢竟這條橋很短很短，從這頭到那頭，只有五十三米，用視線在橋中間掃瞄兩趟，跟親身走過去，不會差多少了。

導遊告訴我們，這座橋開始興建的時候，是在民國二十九年，那時還是日本軍閥盤踞的時期。日軍為了把泰雅族部落裡的木材運輸出來，作為戰略物資，擴大戰爭範圍，才打主意在北港溪上建立這座橋樑。

所用的石材，是從山裡運來的，打磨成一樣大小。

但連接每一塊石頭成為橋墩，再連接橋墩最上面的石頭成為橋面，讓車輛和行人在上面通過，再重再久都不會垮，要用什麼樣的建築材料來焊接，變成很大的難題。

工程師是中國人。整個國姓鄉北港村，除了原住民以外，都是客家人在這裡定居。這位工程師眼光很久遠，便把中國人建築廟宇、城牆、橋樑等永久性的焊接方法，運用到這座橋樑上。那就是使用糯米、紅糖，加上石灰等材料，黏合橋墩和橋面。加上幾個大石墩是橢圓形的，位置和坡度又取得精巧，可以緩和上游水流的沖激。在這座石橋建好後，歷經六十多年的歲月風霜和災難，它依然屹立著，只有衰老，沒有垮倒，變成北港村的驕傲。

由於工程師是中國人，使用中國人古老的方法，用糯米和紅糖建了奇功，人們便給它起了這個近似神話般又親切鄉土的名字，糯米橋。

在這六十多年漫長的時光中，有多少後來建築的橋樑，經不起天災地變的考驗，倒的倒了、垮的垮了、斷的斷了。唯有這一座糯米橋，依然矗立在北港溪、馱載著行人、車輛，牲口和貨物，來的來，去的去，變成了北港村的奇蹟。

它的正中間有三個橋墩，加上兩個連著石岸的橋墩，共有四個橢圓形的孔，讓溪水從中間流過。由於橋孔的上緣是弧形，給人的感覺是拱形橋，高度約有二十米。

在橋面兩邊，各豎起二十多個白色的水泥短樁，中間連起兩道紅色的鐵欄杆，從橋這頭一直連到那頭，左邊一排，右邊一排，作爲橋面的護欄，防止行人尤其是兒童從兩邊跌落下去。

歷經六十多年，它早已被人們公認肯定，是北港溪上一處美景。上游有茂密的樹林夾住兩岸，還有彎曲的遠山，遮著雲霧。下游有幽靜的石灘，農舍和綠色的田野。引起很多畫家來這裡作畫，有水墨，有水彩、也有濃濃的油畫。更有攝影家來這裡照相，分黑白、分彩色、分各種流派。在畫筆和攝影機下，展現糯米橋不同的丰采。

由於時間的變幻，畫家所畫的和攝影家所拍攝的糯米橋，光影、形象和外貌都不一樣。上一代的藝術家和下一代的藝術家，在腦海裏留下的印象也不同。何況這中間又有天災地變的關係。

「久遠的不講，單就我個人的記憶來說，民國四十八年的八七水災，沖淹過這座橋。」一個陪行的老年人，打斷導遊的話，慢吞吞的回憶說：「隔開十一年，到了民國五十九年，九月七日的芙安颱風過境，又帶來一場豪雨，上游的山洪暴發，使溪水高漲到漫過橋面，整個橋身淹沒在黃滾滾的激流裡。住在兩岸的人們，以爲糯米橋將永遠消失、不見了，等到大水漸漸退去，它又慢慢浮現出來，整個橋身沒有多大變動，只有兩旁的舊護欄，沖出很多缺口，有一邊幾幾乎乎全部倒下。」

縣政府只好請來工匠，爲它重新打造新欄杆。舊欄杆是兩道護牆，色調和對岸的石牆是一致的。它不通水，但當溪水上漲時，可以阻止一段水流漫過橋身。新的欄杆有空隙，是鐵製的，可以通水，也可以防止小孩子摔落下去，很實用，但在人們的心目中，新的和舊的一對照，整個橋的景觀完全變了樣兒。」

「當然，在畫家和攝影家的作品裡，這座橋的風貌和顏色，和從前留下的藝術品，完全的不同了。」導遊在這裡補充一句。

「時間又相隔二十四年，民國八十三年的道格颱風，帶來更大的洪水，激流中甚至挾帶著巨木和滾石，撞擊著這座橋，把橋身淹沒的時間更長更長，人們又擔心糯米橋這一次一定完蛋了。等到大水退去。糯米橋仍舊安然無恙，只是橋欄又經過了一次傷害，殘折不全。只得再請來工匠，替它換上新欄杆，就是現在這個樣兒，這種顏色，這種風貌。」

老人講完了，打開瓶子蓋兒，喝著礦泉水。導遊才接著介紹下去。

人瑞走運，受到政府的愛護。橋瑞也走運，開始受到政府的重視。民國八十三年八月十六日，內政部正式公告，糯米橋是台閩地區的三級古蹟，不僅是國姓鄉的唯一古蹟，也是全台灣橋樑中的唯一古蹟。這一來，它的身價大增了，不僅給當地人帶來無比的榮耀，也是國家的一座文化資產，證明中國人古老的建築方法，是可以誇耀世界的。

從那次以後，每到過陰曆年，人們都會在橋身上搭起架子，張燈結綵，狂歡跳舞，大聲唱歌，大大的祝賀一番，爲糯米橋恭喜又添了一歲。

彷彿自己的年齡不重要，糯米橋的年齡才重要。

就在民國八十八年，也就是一九九九年的二月十六日——陰曆年的那一天，從橋這頭到橋那頭，懸掛起成千上百的燈籠和綵球，全是紅顏色，象徵著吉祥和瑞彩。橋的一邊廣場上，還高搭舞台，舉行新年聯歡晚會，台子前邊寫著幾個大字「大家鬥陣過新年」，來祝賀永恆的糯米橋、古老的糯米橋。

誰知，不幸的是，這一年的秋天，九月二十一日的凌晨大地震發生了，給中部地區帶來極大的災禍，國姓鄉北港村也是受災蒙難的地區之一。在地震發生的那二十幾秒鐘間，山搖地動，房屋倒塌，大廈傾倒，九份二山迸裂、九十九峰禿頂。遠處的人們猜想，古老的糯米橋這一回一定崩垮了！有很多關心的人，再回到這裡探視它，都驚奇的發現，那麼多的橋樑都斷裂了、垮掉了；而這座橋，代表國姓鄉北港村的這座橋，它依然屹立著，只是橋下的流水潺潺的流著，每一分每一秒都變幻不停而已。

儘管如此，國姓鄉北港村的人們仍籠罩在悲情之中，即使自己的家庭沒有受難，親戚和朋友的家中都傳來不幸的消息。有一些人被活埋、有一些人受傷，有一些人失蹤，再也找不到…。接連有兩年，糯米橋上沒有辦過任何慶典活動，直到人們覺悟了，從悲傷的情緒中醒轉來，深深的體悟出，地震是一場毀滅性的摧毀，也可以變成再創榮耀的生機！與其哀悼不可挽回的靈魂，不如從廢墟中重新站起來！

那麼，什麼是重啓生機的精神力量呢？人們便想起了糯米橋。

就在今年春天，過陰曆年的時候，橋兩頭又高搭起綵門，橋身上再度懸燈結綵，顯出歡樂氣象。大家心裡認定，只有喚起古老的傳統精神，才能重新建造起另一個永恆！無疑的，糯米橋便是一個代表。

既然它是古蹟，縣政府便請准經費一千三百萬元，委託漢光公司規劃，依照古法打造原石施工，拆除白椿紅色的鐵欄杆，讓它回復原有的風貌，它必須既是實用的，又是古典的。

「這樣，才能振作起先民們的大無畏精神。」那個老年人說。

「也就是唐山精神！」導遊又附和一句。

聽了他們的這一番話，我突然覺得這座橋不再是礦物的，而是一個有血有肉的巨人了。

「我有點奇怪，既然糯米、紅糖和石灰，用在建築物上，有這樣神奇的功效，爲什麼所有的高樓、大廈和橋樑，不採用它作爲焊接的材料呢？」一位朋友笑著問。

「這個，我們全想過了。」老年人說：「糯米是農田裡種出來的。假如所有的建築物都使用它，那要多少農田去種糯米？要生產多少糯米才足夠使用啊？」

「端午節將沒有粽子吃了。」另一位朋友說。

「即使吃粽子，也用蓬萊米和在萊米包，沒有糯米可當作食物了。」

「所以說，糯米橋只能有一座。」

「它是我們北港村的精神象徵。」

「以後畫家們再畫它，將和最早的畫家們畫出的外貌完全相同了。」

這就是糯米橋藉著地震，重新恢復原有的生機——一段小小的變化。我這一趟來了，也親眼看見了。當它週圍的鷹架完全拆除掉的那一天，將翻開歷史新的一頁。

我不由得在心底祝福它，糯米橋萬歲！萬萬歲！

三、鄉情縷縷憶說書

一

童年時期的我，喜歡留連在說書場子上。那個年頭，蘇北一帶的小鎮和鄉村還沒有電，我們居住的鎮子上，也只有一家戲院，演的是京劇，用煤氣燈照亮戲台，根本談不上看電影。人們最愛好的娛樂，就是逗留在說書場子上，聽那些陳年古月的故事。

常見的說書方式一共有三種。一種是唱大鼓，賣藝的人右手執著鼓槌，敲著大鼓，左手拿著梨花簡板，叮叮噹噹打著拍子，連道白帶唱詞兒，介紹的都是歷朝各代的演義故事，像《薛仁貴征東》、《薛丁山征西》、《楊家將》、《大明英烈傳》等等，充滿了英雄色彩，聽得出古老的中國總是鬧著內憂外患，難得有幾天太平。另一種是講平詞，賣藝的人手裡還拿著一根細細的棒兒，比筷子長一些，指指點點，加上另一隻手的比劃，講的多半是武俠小說，如《七俠五義》、《小五義》、《彭公案》、《施公案》、《三俠劍》、《明清八義》等豪俠故事。也有書本裡沒寫，在江湖上口傳的英勇事蹟，聽得出在廣大的土地上，從城市到鄉村，從長江以南到塞北草原，三教九流的社會上，混合著各種不平，要靠那些豪俠人物去剷除，給善良的人們出一口氣。再有一種就是鐵板快書，內容多半只限制在《水滸傳》的人物故事上，沒講以前先開罵，每講幾句就要摻雜三句兩句罵詞兒，而且罵的全是髒話。家鄉人把這一種賣藝的人和內容連在一起，叫作「罵水滸」。他們又特別喜歡講述武松的事蹟，又被叫作「說武老二的」。

在這三種民間藝術中，我非常喜歡前面的兩種，常常在聽完一部書以後，講給小朋友和兄弟們聽，現學現賣。家父知道我喜歡聽大鼓，就對我說：「你要聽大鼓的話，一定要聽××春的大鼓。」

他說得很輕鬆，又說得很快，我記住了那個人名字的字音，並沒有問是那三個字，應該怎麼寫？恍恍惚惚是「柳鴻春」三個字，就留心去找這個人。

有一次是三月三逢會，趕會的人特別多。我在人叢中閒逛。忽然聽見有人大聲說：「××春在那邊唱大鼓，我們去聽吧。」

他是招呼別的人，說出名字的字音很接近「柳鴻春」三個字，我馬上想起家父的指點囑咐，也隨著他們去聽了。

那個時候，那位唱大鼓的賣藝人，已經頭髮半白，年紀最少也有四十多歲，身體又漸衰弱，唱著唱著就夾雜三兩聲咳嗽，喘吁吁的向聽眾道歉說：「歲月不饒人啊！」聽眾們都體諒他的心情，不但沒有人走開，外面圍聽的人反而越來越多，都珍惜他的藝術。

那個人的好處，是把演義故事加以淬煉，聽起來十分鮮活，又能唱出每一個人物當時的感情，讓聽的人在心裡嘆惜，在某種節骨眼上，臉上會流下冰涼的眼淚。

大家看見他頭上的白髮，又是抱病唱的，認爲來日實在不多，錯過了這一次，將來即使想聽到，也不可多得，甚至不能再得了。

那一天，他唱的是《羅通掃北》。若是從頭唱起，過一關，斬一將，一關一關的過，要唱個三、四天，才能唱到故事的高潮——殺四門上。經過他大膽截取，把重點放在〈力殺四門〉，前面的過關斬將，只過了一關，便因爲羅通臨陣招親，違犯了軍令，監軍程咬金升帳要殺他，原意是想嚇唬他的，想不到羅通爬起來便衝出轅門，跳上戰馬，往北方直衝，也不知跑了多久，來到一處人馬甚多的所在，十八國的番兵番將圍困住中間一座孤城。他體認出這就是他要救援的地方，便匹馬單鎗，從東門殺起，開始力殺四門了！這種跳接法，在別處和別的賣藝人那裡，是聽不到的。

大約是上午九點多鐘，唱到羅通殺開東門，一直唱到天色將黑，才將如潮水一般洶湧的番兵番將趕到西門上，正在廝殺，一個高潮比一個高潮緊，尙有北門的最高潮，要等待明天來唱。圍觀的人都可以聽出，他簡而不漏，唱得非常細膩。

聽他的大鼓書，給我留下的印象最深。來到臺灣以後，常常想家，熬過前一個十年，進入第二個十年，思鄉的情緒越來越濃厚。老是悶在心頭想，會悶出病來的，我便常常坐在斗室中，想起柳鴻春唱的大鼓詞兒，將它一段一段連貫起來，用充滿風沙的調子，大聲的唱到窗外去，來排遣思鄉的情緒和病痛。

民國五十三年春天，軍中舉辦一次「仁愛計畫」，邀請一百多位作家，乘坐三輛金馬號的專車，爲期十天，環繞全臺灣二十一個縣市，參觀訪問，鼓勵青年愛國報國的精神，一方面達到撫慰宣教的目的。

按照年齡的自然順序分配車輛，頭髮斑白，中年以上的先進們坐在第一車，中年作家們坐在第二車。那時候，我才三十郎噹歲，坐在第三車。這一車都是年紀較輕的作家，有朱西甯、吳東權、張永祥、張放、鄧文來等人，平均年齡最低，也最活潑。

在車子飛馳當中，枯坐無聊，就由車掌小姐主持節目，讓每一個人輪流表演，講一個笑話可以，唱一段戲可以，哼一支流行歌也可以，就是不許光聽不耍寶。我便把《羅通掃北》〈力殺四門〉的一段，唱給大家欣賞，獲得全車的喝彩。第二天，坐在第二車服務的田原先生還特地坐到我們這輛車中來，要我再唱一遍，大家依然聽得津津有味。其實，要說是好，是原創作人——那位江湖賣藝人好，我不過是根據記憶，把他的聲腔調子拷貝翻版，忠實的轉播而已。

出乎意外的，這個消息不脛而走。同年夏天，青年寫作協會舉辦一次聯誼活動，邀請很多作家泛舟碧潭。和我同坐一條船，有余光中、張菱舲、張放等幾位朋友。大家又鼓勵我唱大鼓，我也明知道都是想聽〈力殺四門〉那一段的，卻不曉得我有難言的苦痛，又不能薄了大家的厚愛，祗好淡化演出，只唱了一小段「進廟燒香」，應付了過去。

我的苦痛是什麼呢？自從我在金馬號車中唱了兩遍大鼓書後，在孤獨一個人的時候，便更加思念家鄉，陷入濃厚的鄉愁中，忍不住掉下眼淚。要想不害憂鬱症，就必須不唱大鼓，把那一段大鼓書趕快忘掉。若是繼續不斷的唱下去，鄉愁只有加重，我非從憂鬱症變成精神病不可。到了那個時候，沒有人給我一塊家鄉的泥土，也沒有人給我一瓢家鄉的井水，叫我怎樣治療懷鄉病呢？

二

去（二〇〇一）年冬天，十一月初，我回到家鄉一趟，在掃墓後的第二天，堂弟彩瑞到我下榻的招待所來看我，對我說：

「有一位會說書的先生想認識你，你願不願意見？」

這句話撞進了我的心坎兒，觸動了我，使我恍然想起，在外鄉飄流了五十多年，心裡常轉的一個念頭，不正是想知道家鄉還有沒有說書這一行？若是沒有了，從前的那些老賣藝人是怎樣凋零的？他們的那些民間藝術有沒有失傳？

我說：「我當然願意見。對方多大啦？」

「七十多歲。」

「比我大幾歲。」我說：「按照我們家鄉的禮儀，歲數少的要去拜望年紀長的，還是我去看望他吧。」

走出招待所，彩瑞便向我講述我要見的這個人。

他叫許淮南，是說書時用的藝名。如今不說書了，在市南邊的一處巷子裡懸壺行醫，門口也不掛招牌，單名一個「穎」字，是寫字畫畫兒用的，也要算是藝名，很少有人喊叫。看病的人都叫他許醫生，叫得久了，後生的許多年輕人，以爲他從小便是學醫術的。不曉得中間還有一段隱情。

「說來慚愧，我正是爲了中間這一段，才去看望他的。」

「這有什麼好慚愧的？」彩瑞說：「你是小說作家，他也是小說家。你是用筆，他是用嘴。」

穿過長長的市街，走進一個小院落，又停放著兩輛單車，頓感住處的扁窄。只有兩間屋子，一間屋內當藥房，存放著藥櫥和藥架，不外是甘草肉桂、麥冬沙參，都放在隨手可以拿到的地方。另一間屋內作爲診斷，擺著桌椅板凳，和一張長型座椅，安排得很擁擠，大致可以分出病人坐的、針炙用的、助理坐的，和客人坐的。我走進診療室以後，坐在客人的位子上。那位女助理人員，年紀有四十多歲，穿著樸素的衣裳，立即爲我倒了一杯茶。

我心裡想，她大概就是公家派的賣藥人吧？（按：中共方面的中藥鋪和西藥房，公營者甚多。醫生看病，抓藥者爲公營藥劑人員。）一面喝著茶，再看看許醫生，是瘦長的臉型，鼻樑挺高，眼睛裡流露著淡漠和精明。滿頭的白髮，夾雜著少許黑的，由於白髮多黑髮太少，彷彿能數得清有幾根黑的。身材也不算高，稱得上是瘦小清癯，一副幹練的樣子。

互相介紹過後，我又慢慢坐下來。許醫生就問彩瑞：

「你覺得怎樣？好一點沒有？」

彩瑞說了一番病情，我才知道他來此主要目的是看病，介紹說書人給我認識，是順便的。醫生替他把脈，又叫他坐在椅子上，拉開衣裳，替他針了幾針。

乘著醫病的時間，我瀏覽一下壁上懸掛的字畫兒，都是主人的即興之作。其中的兩幅行書字，裝裱在字軸上，很引起我的注意，欣賞了好幾遍。寫的是兩首詩，署名都是「許穎」。道出主人的胸襟、身世和感懷。我仔仔細細再看了兩三遍，體會出詩裡的寄情和寓意。一時忍不住，便掏出一張紙，借用助理人員的原子筆，將兩首詩抄錄下來。

第一首：

題老馬　許穎／作

漫說識途記路窮　英雄曾與建奇功

聖時不數五花馬　亂後偏尋獅子驄
魏武功成白鶴老　項王兵敗烏騅空
身經百戰心猶壯　昂首九霄嘶北風

詩後只寫「乙亥春」三個字，和題目署名的大小，求得整幅作品的平衡。直等回到臺北以後，我寫這篇文章時，才仔仔細細算出來，乙亥年是一九九五年，也就是七年以前，這位醫生便自比老馬，提筆一揮，發抒了悲壯的感慨。

第二首：

許穎自題感懷於庚辰孟夏

久經滄桑變　往事若雲煙
家貧常輟學　性傲難爲官
謀生岐黃路　寄情書畫間
名利何足取　丹心照青天

寫這篇文章時我一算，庚辰年也不過兩年以前，正是千禧年，也就是二〇〇〇年。這首詩比上面那首詩題詠晚了五年。中間的四句，把自己的身世曝露得非常明顯，也更引起我的好奇心，想知道詳細的變幻了。

三

他開好藥方，遞給助理人員。她拿著藥方，到另一間屋中去抓藥。診療室內只剩下三個人，趁他喝茶時，我讚美著說：

「我很欣賞您這兩首詩，尤其是〈題老馬〉這一首，用了巧妙的隱喻，句句都是歌頌驊騮名駒，句句都是寫古人，暗含著無奈，也兼寫自己，來得不是時候，沒遇見伯樂，有力使不出來。應該奔馳在戰場上的，卻變成拉磨的。喻意深遠，確實是難得的佳作。」

「過獎了，過獎了。」他微笑著問：「你也愛好此道嗎？」

我把自己新作的一首絕句寫在紙上，遞給他看，恭敬的說：「這是我前幾天才作的，請你指教。」

在談詩時，我們對寫詩的見解是相同的，空氣立即和緩起來，診斷室變成了小茶館。說話漸漸流露出眞情。

「一提到詩，我就忍不住感「家貧常輟學，性傲難爲官。」指一指掛在牆上的那首五言詩。「中間的那兩句，就含著許多滄桑的變幻。我就是那樣進入說書那一行的……」眼睛裡射著空洞的光，彷彿穿過遼闊的空間，看到很遠。

空氣靜默一會兒。

「能講得詳細一點嗎？」我問。

「當然可以。」他說：「結交一位新朋友，是應該介紹一下過去的身世。」

四

「我是睢寧縣××村人，家庭環境並不好，要是顧著吃的，就顧不了穿的。在一九四九年以前，也就是解放以前，由於家裡供給不上，常常不能揹著書包去上學，就混跡在說書場子上。聽大鼓，也聽講評詞。記憶力和摹倣的本領又特別強，在逢集時聽的一部書，在集市散去以後，回家的半路上，就能當衆獻藝，講給圍觀的一群人聽。父親看見了，也不怪我，反而高興的說：『這孩子眞行，將來長大了，要是遇見飢荒年景，逃到外鄉，就憑這一套，就能混得上飯吃……。』」

「許醫生，」彩瑞忽然插嘴說：「你要先講一講，你都聽過那些說書人的那些玩意？才能引起俺二哥的興趣兒。睢寧縣離新沂市並不遠，也不過百把兩百里，你聽的那些書，俺二哥也許聽同一個人唱過或講過。」

「譬如說呢？」他嘻笑著問。

「一位唱大鼓的，」我說：「叫柳鴻春，他能唱《羅通掃北》、《瓦崗寨》、《劉秀走南陽》等等。」

在我說話的時候，他眨了幾次眼。突然發出低沉的笑，糾正我說：

「段二先生，你記錯了，那個人不叫柳鴻春，叫李恆春。我也很喜歡他的大鼓書，去蕪存菁，專唱精彩的地方，是唱大鼓的那一行中數一數二的人物。」

經他這一說，我再回想到幾十年以前，父親向我介紹那位江湖賣藝人時，我並沒有問是那三個字？想不到一錯竟錯了幾十年，直到今天才知道那個人的眞實姓名。

「謝謝你的指點。」我又說：「還有一位講評詞的小老頭，瘦瘦的，高高的，喜歡講『吳三元』的故事。不知道叫什麼名字？」

「他叫蔡智崇。」許穎說：「了不起的一位賣藝人，爲人和藝術，我都非常佩服。」

「那兩位先生呢？」

「作古了，早作古了。」許穎說。

「是怎樣離開這個世界的呢？」

他默默一笑，並沒有回答，只端起了茶杯，淡淡的說：「快點喝兩口，茶涼了，茶涼了。」

我心裡一想，我在家鄉時，那兩位賣藝人已經年老力衰，經過五十多年，世道有了這麼大的變化，他倆即是神仙化身，也該凋謝歸位了，我問這個，不是很笨嗎？

按照江湖人的命運，不是病死在客棧裡，就是倒臥在風雪或是炎熱的路途上。那是很容易了解的，我就把話題扭轉說：

「你是跟他們中的哪一位學說書的呢？」

「既不是跟蔡智崇，也不是跟李恆春。」他說。

「噢？」

「我是跟馮學泰老先生，學的講評詞兒。」許穎說：「其實呢，也沒有拜師學藝，是在聽書場子上，常常去聽，反覆背誦，日積月累的耳學，聽會的。」

在這刹那之間，我起了一個移情作用，在意識當中和他對換一下身分，他變成了我，而我變成了他。在這五十多年當中，如果他飄流到臺灣，也許會走上寫作的道路，成爲一個小說家，只在業餘的場合，唱一段大鼓或者講一段評詞，給朋友們欣賞，博得大家哈哈一笑。相反的，如果我留在家鄉，就會拿起大鼓槌，敲響大鼓，唱著《羅通掃北》或者《瓦崗寨》，接續在李恆春後面，變成江湖賣藝人——靠賣藝爲生了。

眼眶有點潤濕，我裝作喝茶，遮掩住心裡的想法，不像關切他，卻像關切自己似的問：

「解放以後——也就是一九四九年以後，你迫不得已，很快就轉入說書那一行了嗎？」

「不，不」他搖一搖頭說：「我還有一段離開家鄉睢寧縣，到×州去，做一個文化人，替勞苦大衆服務的機會。」

「哦！」我又流露出一些訝異，接著問：「能講得詳細一些嗎？」

「你是從臺灣來的，我知道你們會怎樣想，共產黨還注重文化嗎？鬧過文化大革命，還會重視文化嗎？……那是後來的事！在剛剛接下江山的初期，領導們都知道，解放軍裡面不識字的同志最多，人民裡面不識字的更多，要想把大局穩定下來，必須大量起用階級成分好、讀過書的知識分子，而不是『臭老九』。

「我呢，剛好符合這個條件。家境不好，是貧農出身，又讀過私塾和洋學堂，就給我一個機會，到遙遠的×州去，學習編一份報紙，當然是地方報刊，從最小的編輯做起。過不多久，社長和總編輯發現我會寫文章，除了改改稿子以外，還叫我幫忙寫一個專欄。雖然都是閒話家常，多講好話，少說怪話，偶爾說那麼三句五句批評性的建議，也是不疼不癢的，讓人民看著開開心而已。」

「這個工作很輕鬆呀。」我說。

「一個人當兩個人用，每天要上班很久很久，並不像你想像得那麼舒坦。」許穎說：「專欄稿子寫得多了，總編輯和主任漸漸放了心，就不再看我的原稿，每晚寫好以後，就直接交給排字房，撿字排版，登上報紙。

「同志們都看得出，我雖然是小小的編輯，實際上已變成執行編輯。過不多久，有升上主編的希望。就在這個節骨眼上，發生一件事情，變成我生命的轉折點。」

「噢？是什麼事情？」

「《人民日報》上登出一篇文章〈五花八門〉，寫這篇文章的人是郭沫若。他把當時有名的文化人和一些著名的作家，用奚落的語氣、輕視的態度，糟蹋得體無完膚。其中有幾位，是我很傾慕很崇拜的作家。

「我基於氣忿，心裡很難過，就寫了一篇文章〈評五花八門〉。用抱不平的語氣，對郭沫若的文章，熱言冷語的反駁一番。

「報紙發行後的當天，主編就把我叫去，臉上的肌肉綳得連一絲一毫動的也沒有，用冷冷的口氣問我說：『這篇〈評五花八門〉，是你寫的嗎？』

「『嗯，是的。』我回答。

「『你犯了嚴重的錯誤！』主編說。

「『什麼錯誤？』我問。

「『溫情主義！』

「『我批評郭沫若不對，怎能算溫情主義？』

「『對不該同情的分子給予同情，豈不是溫情主義？』

「『文章是用來反映現實的。』

「『文章是用來勸導階級敵人的，不是用來對付領導的。』

「『你叫我來，要我怎樣？』

「『寫一篇悔過書來，向人民認錯，我給你呈報上去！』

「我沒說寫，也沒說不寫，只哼了一聲，轉過臉走出去。」

「後來呢？」

「總編輯又叫我去，比主編的樣子更嚴峻，說的是同樣的話。我回答的也大致相同。

「『寫一篇悔過書來！』他命令我。

「我說，我不會寫。我並沒有錯，寫什麼？說完以後，我又走出辦公室。

「過不到兩小時，主任又叫我去，不但臉孔冷，連屋子裡的空氣都冷冰冰的。

「他先責備我不對，不該批評高級領導，更不該把筆尖指向對人民有很多貢獻的同志！

「我抓住機會問：『我指向誰？』

「『你那篇〈評五花八門〉批評的誰？你難道還不知道？』

「我想了一想，大聲說：『我有一句要緊的話，能講不能講？』

「『講！』

「『只許郭沫若說別人五花八門，不許別人說他五花八門，這能算對的嗎？』

「『郭說的五花八門裡全對，你說的五花八門裡全不對，』主任說：『這一點你要搞清楚！』

「『依你的意思，想要我怎樣？』

「『很簡單，寫一篇悔過書來。』」

「我的手裡拿著一支鋼筆。」許穎站起身子，握起桌上的一支鋼筆說：「一聽見這話，忽然滿頭冒火，把那支筆的筆尖向下，嚓的一聲擲出去！」他拉開架式，裝出當年擲筆的樣子。「筆尖整個插在桌面上，接著大聲叫：『我不幹了！行了吧？』」

從談話到現在，只有這片刻中間，他露出一個說書人的本領來。從他站起身子，亮開擲筆的架式，把手揚起來向下猛一甩，手裡的筆雖然沒有眞的丟出去，也沒有插在桌面上，仍使人可以想見當年擲筆的情形，彷彿置身在現場一樣。

這些表演，在說書人來講，叫作從聲音裡能聽出動作來，只有這一刻，他撇開醫生的立場，變成一個說書人。

「不管是舊業還是新業，你都不含糊。」我說。

「怎麼講？」他問。

「我一進門時，看見你是位醫生。只有這一小會兒工夫，你變成一位說書人。」

「見笑了。」他說，淡淡的笑了一下，轉過身子，用筆指著五言詩中的第四句說：「性傲難爲官，含蘊的就是那一件事情。」

「後來呢？」

「我離開報社，告別×州，回到睢寧縣的故鄉。」他慢慢坐下去，繼續說：「那時候正值四月末，快進入陰曆五月了，也就是快要割麥了。天氣已經很炎熱，我仍穿著一身棉衣裳，走到家鄉的一棵大樹下，覺得很疲憊，軟軟綿綿的躺下來，不知身子底下躺臥的是不是自己的家鄉，還是別的陌生的地方？

「大約過了一個多小時，一位熟人走過來，圍著我看了兩三圈，認清楚確實是我，就把我喊起來，和我聊了半天，對我說：『我看這樣吧，你先去洗個澡，換一身夾衣裳。吃飯並不難，你不是會說書嗎？將就著試一試，就從我們縣裡開始，擺一個說書場子，講一講《彭公案》、《施公案》，給老親世誼們聽聽，還愁混不上飯吃嗎？起來，起來，先到我家裡坐一坐，洗個澡，換一身衣裳再說。這麼熱的天兒，還穿這個，人家還以爲你是練功夫的呢。』

「就這樣，我混入說書的那一行。要論起講評詞兒，我最佩服的是蔡智崇，可他說的武俠小說，多半是江湖上口傳的，書本上沒寫過。聽書的人裡面，老行家很多，一個地方說錯了，人家會挑眼兒。只有學他的聲腔架式，講馮學泰的玩意兒。馮說的武俠小說，都是書本上有的，像《七俠五義》、《小五義》等等，可以頭一天晚上看，第二天上午就講出來，絕對錯不了。誰知道？頭一個月講下來，我仔仔細細一算，吆喝！比在×州當編輯賺的錢還多！

「哈——，沒法子，生就的這個命，就幹這一行吧。蔡智崇老了，馮學泰也病了，我就延續他們，講起武俠小說來，跟拜過師學過藝的一樣。」

我回到臺灣以後，曾經仔細查考過，在收藏大陸書籍最多的圖書館裡，找不到「郭沫若全集」，也找不到《人民日報》，查不出郭沫若寫〈五花八門〉的時間。依常理推測，多半在「大鳴大放」以前，要是在那以後，許穎的〈評五花八門〉引起的懲罰，就沒有那麼便宜——只判個撤職算了。多半會搞到白馬湖去開荒勞改，折磨個三十多年，等到放出來，頭髮已經白了。

「跑江湖嘛，不能老在一個地方混。」他又接著講下去。「會的玩意兒又不多，祇好幾個縣份的市鎮上亂跑。走到那裡，說到那裡。有一年，來到了貴寶地，可巧彩瑞老弟在這邊開茶館，我就在他的茶館裡擺下說書場子。他賣茶，我說書，講的是《白眉大俠》。」

「是你幫我的忙。」彩瑞笑著說。

「那裡那裡，是你幫我的忙啊。」許穎客氣的說。

「《白眉大俠》？」我問：「是不是《小五義》上的山西燕子徐良？外號又叫白眉毛的？」

「不錯，正是他！你眞是個老內行。」許穎說：「我把書名改了，年輕人才來聽啊。我就以說這部書出了名！那個時候，我不叫這個名字，是叫許淮南，人人都知道許淮南的《白眉大俠》講得好。名聲剛剛創起來，打響了，年頭兒不對了，電視機漸漸時興起來。我一想，那個玩意兒很厲害，是靠俊男美女在螢屏（螢光幕）上表演，什麼戲都能演出來，只要一普及，那裡還有咱們說書的飯吃？

「我又一想，赤腳醫生能替人治病，我是個識字的，只要讀讀醫書，背誦背誦《湯頭歌訣》、《本草綱目》什麼的，總比赤腳醫生強吧？不出五年，我就改用現在這個名字，掛牌行醫了。由許淮南變成許穎，也有一段辛酸的。」

「唔——」我深深的吸了一口氣，帶著悲傷的樣子說：「原來有這麼多的波折，我不知道是〈五花八門〉誤了你，還是〈五花八門〉成全了你？」

他眨眨眼睛，失神的看著我。改用一種銳利的眼光，一直望到我的眼睛深處來。

「奇怪，段二先生。」他怔怔的說：「你好像不是在談論我、關心我，彷彿是在關心另一個人似的？」

「怎麼，你看出來了？」我忍不住說。

「噢——？難道我猜對了？」

「是的。」我說：「你知道我是在跟誰談話嗎？」

「跟誰？」

「在我的感覺中，不是跟你。」

「那——是跟誰？」

「跟留在大陸上的我自己。」我說：「在面對你的時候，我覺得我變成一個患遺忘症的人，必須從你的嘴裡，喚回記憶，知道這幾十年以來，我在這一邊做過些什麼。」

「怪啦，」他皺皺眉頭，想了一會兒。「我聽不懂你的意思。」

我慢慢喝著茶，用一種低沉的聲音，把自己到了臺灣以後，怎樣愛上寫作，怎樣在車中和船上，對著朋友們唱大鼓的事情講了一遍。他聽了以後，墜入深沉的冥想，喃喃的說：

「我到了臺灣就是你，對不對？」

「對了。」我說。

「那麼，這幾十年以來，我終於看見另一個我。」他說：「我也患了遺忘症，終於從你的話中，喚回我的記憶了。」

助理人員走回來，提著一包藥，交給了彩瑞，笑著問：

「你們剛才談些什麼？」

「哦，沒什麼。」許穎說：「如果可能的話，兩方面都准許的話，我很想買一張飛機票，飛到臺灣去，從北走到南，找回眞正的我。」

四、西湖風景變化記

浙江杭州的西湖風景世界聞名，喜歡遨遊的旅客們，沒有不從地球的遠方乘船或坐飛機，去一覽它的明媚丰采的。

民國六十年時，我好遊逛台北的書肆和古玩店，無意中發現一幅西湖全景風景圖，價值只合新台幣十塊錢，我便購買下來，常常帶著它到圖書館內，借閱描寫西湖勝景的書籍和圖片，再參考那幅地圖做紙上夢幻的神遊。那時兩岸互相封鎖，黑髮變白不相往來，我剪貼很多很多大陸河山的回憶文章，收集滿箱滿架附有照片的各地遊記，能做奢侈的夢遊已經心滿意足了。

去年夏天七月下旬，我才有幸到杭州一趟，親歷其境遊賞西湖的山水，得償數十年的夙願。

在杭州車站下車時，剛走出火車站便有十多位旅館的招徠者，迎上來拉生意。我一個一個問明，選中其中一家離西湖較近的旅館，坐上他的迎客汽車，到了旅館後，安頓好房間和行李，天色還早，我就叫了一輛小汽車，載我到西湖旁邊去。

下車的地方離湖岸很近，另拐一個彎，滿眼便是碧綠的湖水，畫舫遊艇和柳條甩蕩的長堤。我沿著湖岸散步，遠遠望去，前面便是白蛇和許仙相遇的斷橋，以及更遠處有山光映照的保俶塔。深深吸了一口欣慰的新鮮空氣後，我正在斷橋那邊走，旁邊忽然跟來兩位杭州姑娘。一位年紀大一些，約有二十來歲。那位年紀小一點的，也有十七、八歲。她們倆都穿著儉樸素花的衣裳，臉帶笑容，神情嫵媚。兩個人都和顏悅色的對我說：

「我是做導遊的，引導你遊一圈西湖不要錢，臨別時，只要買我一罐龍井茶就行了。」

我很佩服她們倆的眼力，能看出我是遠方客，第一次到西湖來。但我心裡也想，我對西湖的十大美景以及公園、虎跑泉等，它們四季有什麼變化，搽了多少霜粉，抹了多少胭脂，淡妝濃抹都是什麼樣兒，知道得並不比她們少，就一口回絕說：

「不用麻煩妳們，我自己都能夠找到。」

她們倆仍然嘮嘮叨叨，只重複說著那一句話，導遊不要錢，只要買一罐茶葉就行了。我一再婉謝她們，慢慢的向前走。年紀小的那一位，看出實在拉不到我這位顧客，便轉移目標去招攬別人。年紀大的那位姑娘仍緊迫盯人的盯著我。我只得停下來對她說：

「西湖的風景裡，我指定一處，如果妳能帶我遊覽到，我便請妳當導遊。」

她笑著問：「那一處？」

我說：「雷峰塔。」

她的臉上失去笑容，咕噥著說：「你眞是個內行。」就停止腳步，不再跟蹤我了。

因爲那座塔在民國十三年時已經倒塌，以後歷經北伐抗戰，大陸上改朝換代，一直沒有修復，壓在塔底的白蛇娘娘徹底獲得自由了。

我慢步走過斷橋，欣賞波面下的橋影，這是前湖和後湖的分界線。從前這座橋是拱形的石橋，充滿古典美。現在已改爲流線形的身段，橋面比較寬闊，坡度也小多了，連八十歲的老人家走過橋去也如履平地。

站在斷橋上向北望，保俶塔的倩影更加古典，使人發出懷唐念宋的幽情。橫在橋兩頭的長堤，現代的遊人都叫它白堤。據考據家說，實際上它原名白沙堤；而紀念白居易的白堤，是在寶石山和葛嶺下的靜江路及聖塘路那一帶，經過很長的歲月，天變和地變，已無遺跡可循，人們便把白沙堤改爲白堤。少一個沙字，便是紀念唐朝的詩人，也是緬懷此湖的興建者。由此可以看出，山水固然重要；詩人更加重要，沒有詩人，山水就寂寞了。

遊完白堤，我又折回原路，在湖邊搭乘一艘遊艇，把湖水作明鏡，照著自己的影子，讓清風吹開閒適的胸懷。先停泊於孤山，遊過平湖秋月的勝景，體會出湖中有山、山中又有湖的情境。再乘原遊艇，玩賞湖心亭以後，遊艇又往三潭印月開去。縱目遠望，極目處有一個孤島，屋影被芳樹半掩，最高的地方有一根旗竿，上面飄揚杏黃色長長的旗幟，使我頗爲納悶，不知是什麼地方。我向腦海裡搜尋，西湖全景裡似乎沒有記載過那處名勝。問同船的遊人，他們也都搖搖頭，說不出那是什麼所在。

遊完三潭印月，再散步於蘇堤，在每一處景點拍照留念以後，夕陽已漸漸西沉，我又叫了一輛小汽車，繞行杭州市區回到旅館。現在的杭州市，每一家旅館都兼做旅遊業，包辦西湖風景一日遊。我選定一條路線，與遊過的美景重複比較少的，向旅館接洽登記妥當，才安然休息。

第二天上午八點三十分鐘，我們坐上遊覽專車，開往西湖風景裡去。在沿湖岸繞行時，又看見一些杭州小姐向遊人兜攬生意。導遊先生在車上笑著說：

「她們是步行導遊的，我是坐車導遊的，絕不是同行，是冤家，在輕視她們。凡是向你說導遊不要錢，臨別買一罐龍井茶葉就行了。各位先生，你們可千萬別上當。她們賣給你的那罐茶葉，上面一層是好茶葉，下面大半罐子，至少有十分之九，都是用柳樹葉子炒成的，很像龍井茶葉的柳樹葉子。你拿回家去沖泡，那是什麼味兒？那能喝嗎？也有的不用柳樹葉子，是用喝過三、四遍的龍井茶葉，放在太陽下面曬乾了，裝在下半罐裡，也佔十分之九。你拿回去一煮一沏，喝到肚子裡，那不是要快速度的減肥嗎？家裡來了客人，少一點還好，只得罪兩、三位；要是來了很多，喝了這樣的茶葉，你不是一個朋友也沒有了嗎？導遊不要錢這一行，也是最近幾年才興起的，妙就妙在臨別買茶葉的人，不可能把整罐子茶葉都倒出來檢查！」

「找公安，抓起她。」有位遊客提議。

「等你想找公安時，已回到洪澤湖和洞庭湖了。當地的公安，能管到西湖的事嗎？幹這種導遊，也是沒法子，人窮志短嘛！」導遊先生說。

我們在預定的地點下車，換乘遊艇，遊玩湖上的景點。這一天的觀光，包括岳王廟、靈隱寺、六和塔、虎跑泉等處。在沒到那些地方以前，先重遊三、四處昨天的風景。經過湖心亭，遊艇向三潭映月航行時，我又望見那飄揚著杏黃旗的孤島，忍不住向導遊先生說：

「那隱隱約約的島上，旗竿上飄著黃色旗幟的地方，是什麼所在？」

導遊先生向遠處一望，笑著說：「那是新郎島，又叫結婚島。白天休息，要到夜晚才開始營業。」

「我也覺得奇怪，」另一位遊客說：「我來西湖四、五次，為什麼不帶我們遊覽那個島呢？」

「你們如果想去玩，那邊絕對歡迎。不過，要等到天黑以後，坐遊艇指名到那邊去，遊艇就會載你到結婚島上登岸。怎麼玩法？你去一次就明白了。那邊是整夜不休息，買票進場，欣賞美女唱歌跳舞。每隔一個多小時，抽籤選舉一次新郎。凡是被選上新郎的人，都要換穿新郎倌的服裝，古典的和現代的服裝都有。新娘子也一樣，隨新郎的意願，穿鳳冠霞帔或薄紗，和新郎舉行結婚典禮，先拜天地，後入洞房，飲交杯酒。不過呢！每一個人只能當二十分鐘到半小時的新郎，時間一過，緣分已了，不必辦任何手續，就算離過婚了，不必負任何法律責任。至於在那半個小時以內，當新郎的是什麼滋味、什麼心情，我就不知道了。」

講完以後，他又調侃著說：「怎麼樣，各位先生！今晚有沒有興趣去當一次新郎？再結一次婚？度過新鮮的半小時？」

「只有半個小時嗎？」又一位遊客問。

「是的，」導遊先生說：「你是不是有興趣？」

「我看我還是留著錢，去吃樓外樓的醋溜魚吧！」那位遊客說。

大家哈哈笑起來。

想不到民國六十年時，我買了一幅西湖風景全圖，加上知道雷峰塔不能去遊了，使我僥倖沒買喝了會拉肚子的茶葉。至於夜遊結婚島，當新郎是什麼滋味，我沒有身臨其境，更不敢妄加揣測了。

五、我到廣州和重慶

黃昏的時候，在廣州市白雲機場離開飛機，沿著梯子往下走，到了最後一級，左腳仍留在踏板上，右腳踩上地面的一秒鐘，心裡湧上很多種滋味。這是我人生中重要的一步，睽違了四十五年，我又回到神州的故土，但已不是故國了。這是民國八十三年七月十八日下午六點多鐘，我是隨著中華會大陸參觀訪問團來到廣州的。

倒數回去，是四十五年以前，我在台灣高雄港下船，踏上碼頭的一剎那，也是人生中重要的一步。那時是十六歲，現在已是六十一了。左腳也移下踏板，隨著大家往機場外面走，我想吟詩吟不出來，我想作詞作不出來，我想慟哭，哭不出來，不由的嘻嘻一笑，眼淚卻奪眶而出。是人老了，情緒掌握不住了？還是這多亂的江山、多難的大地，使我由喜悅變成悲涼了？

更奇巧的是，和同行的十七位先生女士，坐車進入廣州市區後，家家都有模糊的燈火，街街都有霓虹燈在變幻，車輛在穿過一座大橋時，導遊的先生告訴我們，這是海印大橋，橋下便是有名的珠江。向下遊不遠，是黃埔軍官學校，現在校址仍在，裡面陳列著很多紀念展覽品。我忍不住問他，珠江流過海印橋，離入海口還有多遠？導遊先生說，坐車去只要一個多小時，就可以到達珠江的入海處了。我的胸口又打翻很多滋味的瓶子，四十五年以前的五月，我就是從那個入海口處的黃埔港，塔上渤海號輪船離開大陸，遠航到達台灣的。太空人阿姆斯壯坐著太空船登陸月球，往返也不過一個多星期，而我從台灣回來，又再聽說黃埔港，離它這樣近，等於又見了黃埔港，卻要這麼長的年月，如果是乘太空船往月亮上去，不是要來回幾千次幾萬次了嗎？噢！故土！噢，神州的大地，你到底在忙些什麼？玩些什麼？演變些什麼！？

第二天上午八點三十分，在中山大學開會。我一進入會場，先看出一個不愉快，這是「兩岸文化交流學術研討會」，但中山大學主辦人員有意矮化我方，掛在會場上面的橫幅，寫的是「粵台文化交流學術研討會」，即使寫的是「台粵」，也是省對省的，不是兩岸對兩岸的了。中華會會長馬起華先生很有修養，他往返太空水星已不下十餘次，對這個已經看習慣了，裝作沒看見，首先登台致詞，並代表我們訪問團致贈對方禮物，大家拍拍手鼓掌，我也跟著拍拍幾下。既然來到水星，就要開拓水星，讓它變成地球上可愛的一部份。

有些地方仍不失中華故土的禮儀，就是雙方各派一位代表主持會議，叫作主持人。提出論文發表的，也是雙方互換交替發表，時間限制每人十五分鐘。我方提出論文發表的有盛慶球教授、楊孝濚教授、劉勝驥教授等，其言論見解都很精闢，態度衷肯，確實是學者專家的風範。馬起華先生的論文，更是淵博獨到，足夠擔任兩個會長都無遜色。對方提出論文發表的，有楊萬光教授、張磊教授、方式光教授、林家有教授等。其中林家有教授的一篇「孫中山與中華民族的振興」，是用馬列主義階級鬥爭的觀念，加在中山先生的學說上，看起來實在牽強。論文發表到下午，自由發言的時間一到，我改變在國內盡量讓別人發言，即使自己有話，也要等到三五個人輪流過後再說的作風，搶先舉手，爭取發言權，第一個被主持人允許上去講話。我是針對林先生那篇論文忍不住這樣做的，發言的時間只有十分鐘，我一開始就說：「我的發言就是發言，絕不會超過七分鐘。在閱讀了林家有教授的論文後，我要提出林先生沒寫出的地方，以證明中山先生的學說，並藉此縮短兩岸和平統一的時間和距離。中山先生的三民主義中談到平等，也談到民權。民權的範圍很廣，其中應包括爭取自由。只要大陸這一岸能做到對各民族一律平等，使人人一律平等，對台灣那一岸也會平等，也能使人人一律平等。再給每一個人應得的自由，也就是七種自由：居住自由、旅行自由、宗教信仰自由、集會結社自由、通訊自由、言論出版自由、和人身自由。而平等和自由的基礎，又是建立在中山先生說過的博愛上，只要對全體同胞有愛心，做到了平等和自由，到那個時候，兩岸自然而然就會和平統一了。」

我這段話，也是針對「粤台」兩字而發。我所以用平等不用「對等」，因爲對等範圍較小，不包括平等在內，平等的範圍較廣，包含了對等。而平等又是中山先生說過的話，有更穩固的理論根據。

發言的先生們自然很多，會長馬起華先生有一計劃，凡是發言的都繳發言條，連同發表過的論文，會編印成書。凡是關心這件事，想知道全部會議內容者，請等待書籍出版，翻閱全書。

會議結束後，我們全體在主人的陪同下，參觀中山大學。這座大學校址佔地面積非常大，不下於台南的成功大學。校內的教室、圖書館、辦公大樓等，一律採用舊式的西洋建築。在這些建築中，最值得一提的，是中山紀念大樓。 國父曾在此演講「學生要立志做大事，不要做大官。」墻上並有字跡說明，永誌哲人的話。所不同的，我們這代人學到的是「青年要立志做大事，不要做大官。」青年的範圍較學生要廣，學生就算是指全國的學生，也沒有青年多。到底是墻上記載對了，還是我們學得對了，我寧願採取我們自幼所學的。

七月二十日上午，遊覽廣州的古蹟名勝。先到陳氏書院，是一座古式古香的舊院落，爲清朝以前留下的遺跡。院中值得一記的是雕刻花紋十分細緻，二道院子內還有兩道鐵鑄的走廊，可以歷經數百年而不損壞，是其特色。接著是去黃花崗，憑弔七十二烈士之墓。當年那些烈士爲了建立中華民國，前仆後繼的拋灑碧血，和滿清帝制對抗。我從讀小學的時節，就景仰他們的英名，這一次能親臨他們的歸宿處，肅穆禮拜，也算得償平生的宿願了。七十二烈士是合葬在碑文之下的。來前曾聽說還有一塊石碑，記載著他們的名字。我先向右邊尋找，只找到兩座民國十三年　國父敬題的鄧仲元先生和梁國一先生的墓亭。繞了很久，才向左邊尋覓，在賣手工藝品的棚子旁邊，有一座門樓式的亭子，亭中立一座石碑，才是記載七十二烈士事蹟和英名的所在處。這一座石碑是民國八年春天，由林森先生監修、汪兆銘寫的字刻上的，其中有張之洞、林覺民等烈士的大名，我匆匆拍下兩張照片，再去找遊覽的車輛，發現導遊先生正在著急的找我。這是我在長達十二天的行程中，唯一遲回車輛的一次。為了追念七十二烈士，跑出渾身大汗，也算不虛此行了。

下午三點三十分搭飛機離開廣州，四點二十五分到達重慶。安排好住處後，只休息十分鐘，導遊陳路已準備好車輛，引導我們去遊覽重慶市區和名勝。

沿著向上的坡路，開上了鵝嶺，下車的地方，已能望見遠處的嘉陵江，和長江交匯。我們來得正是時候，一輪紅日沉沉的往西落，懸掛在江頭上，使我想起從前讀過的一篇文章「日落大江頭」，正是描寫的這一處情境。

除了那一輪紅日，還有早亮的燈火，三點五點，十點百點，閃爍在江水上，有些倒映在水底。

重慶是山城，有長江三大火爐的外號。下車以後，雖然是黃昏時分，仍能感到熱氣燻人。導遊領著我們進入一個山洞，由於裡面潮濕，頓時覺得一陣陰涼。導遊介紹說，這個山洞叫飛閣，是抗戰時期老先生躲避日本飛機轟炸的地方。我忽然想到，在半個世紀以前，長達六七年的時間，這裡是極機密的所在，不但日本飛機找不到，即使是國內的重要人員，知道的人也很少。進洞後有兩條彎曲的路，十七個人走一條，我隨著馬會長另走一條，拐了好幾個彎子，恐怕走迷路，正勸馬會長繞回去時，他朝前又走幾步，卻發現另一條小路，通向那十七個人參觀的地方。起先只能聽見談話的聲音，腳步移得漸近，聲音也漸漸清晰。原來同行的人都集中在一處較寬的石洞裡，看著壁上掛的照片。有老先生和夫人合照的，有林森主席的，有何應欽將軍的，也有很多要員陪同老先生合照的。我當時心裡暗想，這些有歷史意義的照片，絕不可能掛在如此潮濕陰暗的石室中，一定是抗戰勝利以後，遺留在陪都國民政府辦公的地方，大陸變色後，由那邊墻上摘下，轉掛在這裡的。

導遊還介紹說，本來還有一條彎曲的通道，可以從另一個洞門走出。因為那個洞門已封閉，大家還是從原來的洞門出去，再去參觀另一個地方。

走出洞門再眺望，沉沉的太陽已經不見。另一邊嘉陵江和長江已是燈火輝煌，連同水底倒映的，近處的和更遠的，眞不知有千點萬點還是上億點，反射到天上，連星光都被掩滅得模糊了。

向上走不多遠，果然看見一個洞門被生銹的鐵欄杆封閉，門口還掛著綠鎖。再跟隨導遊往前走，大約一百公尺到兩百公尺的距離，又走進一個洞門，裡面閃耀著燈光，也是彎彎曲曲，通往好幾處較寬廣的石室，都擺著賣東西的攤位。導遊又介紹說，這個防空洞叫桐軒，是老先生在日本飛機轟炸重慶時，辦公的地方。靠那邊最裡面的一處石室，是他休息的臥房。一個靠洞門不遠處的較大的攤位，上面擺著各種手工藝品，看守攤位的先生說，他那個攤位擺設的位置，就是當年老先生開會的位置，會議桌有多大、攤位就有多大，會議桌有多高，攤位也有多高。接著又介紹說，開會的時候，老先生坐在這裡，何應欽將軍坐這裡，張群先生坐在這裡，白崇禧將軍坐在那一邊，本來都有椅子的，現在那些椅子早都爛掉了。我酌量一下他所說老先生坐過的地點，是面朝洞門的，從禮儀上來看，倒有幾分可以相信。至於會議桌是不是那麼大，那麼高，時光不會倒流，舊有的物件也不會重現了。你不能全信他的，也不能完全不信他的。

出了洞門，才在燈光的照射下，看見「桐軒」兩個字，刻在石壁上。左邊刻著較小的字，是「互助」，右邊刻著「博愛」，和「互助」的字體一樣大小。再朝上走十多步，有突出的山石和大樹組成的奇景。步行繞過山徑，從另一邊再爬上去，到了鵝嶺最高峰，才發現峰頂並不是最高點。匠工眞會設計，在峰上建築一座塔形的高樓，高攀登到第九層上，才算到達鵝嶺的最高點。我喘吁著爬到樓頂，導遊才告訴我們說，這座高樓叫作攬勝樓，因爲從這裡能望見嘉陵江和長江，又叫作兩江亭。叫亭也罷，叫樓也罷，這裡都是抗戰時期，老先生竚立過的地方。如今哲人已經不在，懷想起當年抗戰時的艱苦，不禁感慨萬千，遂作七言詩兩首，以紀念當時的心情。詩題和詩句是：

登鵝嶺遠眺嘉陵揚子

其一

飛閣桐軒攬勝樓　兩江燈火點點收
曲洞難尋劃策處　霧鎖山河亦蒙羞

其二

兩江亭頭望兩江　月冷慈湖星隱傷
陪都闊別成永別　墅館客堂變靈堂
海峽浪濤干戈夢　島嶼風雲兵馬強
故土離亂五十載　黃河未清長江黃

「黃河未清」四字是有根據的，民國四十幾年，中共把河南省遷出幾個縣，要挖掘一個人工大湖，調節黃河中水。在建湖之初，曾揚言黃河將要變清。又，導遊稱呼老先生和將軍等，是筆者按照自己的立場寫出的，不願牽連他們，必須聲明。至於他們如何稱呼，請讀者想一想吧。

六、蘇州鄉會表演場

沿著石坡向上爬。白雲的前面聳立著一座塔，又有樹影在下面托著，愈顯出它的巍峨。我們的目的是要到塔前去，仰望它雄壯婀娜的風姿。

導遊是個中年人，嘴巴旁邊橫著擴音器，一個景點一個景點的爲我們說明。當他介紹到憨憨泉時，我們聽見隱隱約約的鑼鼓聲音，以爲是聽錯了，又以爲是別的遊客身上帶著隨身聽，從收音機裡發出來的。

停在眞娘墓前，導遊講述眞娘的哀艷故事。鑼鼓的聲音更響，被秋風一攪拌，更覺得有點刺耳。虎丘山並不大，山壁沒有迴音，我們聽出那是來自山的上方，導遊舉起一隻手，帶著溫馨的笑容說：

「各位來得很湊巧，趕上一年一度的鄉會，在前面山腰間表演。唱歌跳舞，舞龍舞獅，蘇州民間的技藝都搬出來了。要多麼熱鬧有多麼熱鬧！」

繞過一處山石，只朝前走幾步，我們看見那些密密壓壓的人群。圍在四周的，擁擠成好幾層，是看熱鬧的觀衆。被圍在場子中間，臉上都搽著胭脂花粉，身上穿著彩色服裝的，才是玩鄉會的隊伍。一共四組人，用彩衣和旗幟區分，隨著樂器跳動，呈現出黃的波浪，藍的波浪，紅的波浪和紫的波浪。

穿黃綢衣的一簇人，約有五十多位，男的頭上都紮著黃頭巾，臉上用粉塗得雪白，眉毛和眼圈都用黑色描過，脫離了平凡相，又略帶鄉土氣息。女的身材都很苗條，黑髮梳得油光閃亮，戴著各色鮮花，臉蛋兒和腮頰被脂粉一照，分外的嬌艷迷人。藍衣的一隊，紅衣的一隊，還有紫衣的一隊，又別出心裁，各有各的化粧打扮，務必襯出每個隊的特色。樂器除了鑼鼓鎖吶，還有笙管笛簫，導具有一節一節的巨龍，一隻一隻的獅子，一輛一輛的花車和旱船，……人數大約算起來，有兩百多位，再加上那麼多的觀衆，堵塞往前面的道路，團聚在空地上。

眞是大喜的日子，每一個看熱鬧的人的臉上都洋溢著甜甜的笑容，彷彿用竹片一刮，就能刮出糖來。只有我們這一群人——從遠方來的一群人，顯得有些洩氣，露出不耐煩的樣子，催促導遊說：

「走啊，停在這裡幹什麼？」

「等待鄉會結束，我再爲大家介紹一個奇異的景觀。」導遊說：「現在只能看鄉會，那些美女唱歌跳舞，是滿吸引人的。」

「我們不是來看美女，是來看風景的。」一個年輕人大聲抗議：「美女那裡都有，何必跑到蘇州？又何必跑到虎丘山上？」

導遊露出溫和的樣子，冷靜的說：「你們想看的風景，都被人群擋住了遮蓋了，教我怎麼介紹？」停了一停，又帶著幾分賣關子的神態，微笑著說：「表演快要結束，這麼盛大的場面是個證明，各位猜猜看，將要證明什麼？」

他索興掏出手巾慢慢的擦汗。我們看出逼他罵他都沒有用，也祗好站在人叢外面，欣賞場子上的演出。

巨龍甩動身軀，想吞噬前面的一顆明珠。明珠旋轉在杆頂，杆子高舉在一個紮黃頭巾的人的手裡。他向上也是向左邊引，龍頭拖著身子忽然向上翻騰。他朝右邊跑，明珠甩到斜下方，龍又滾動著繞回來，身子變成圓弧，一節一節的擺動。明珠舞到那一邊，離觀衆最近時，人們便急忙向後退，裂開很寬的縫，怕被巨龍碰到。鑼鼓震天價響，巨龍耍圓了，搶吞過每一個方向，四邊的人叢都紛紛裂開過，顯得場子更大。耍明珠的人動作漸慢，巨龍的身體也緩和的伸縮幾趟，慢慢的停住。人們的驚魂漸漸收攏，爆出成串的笑聲，我們以爲表演完了，配合著大家鼓掌。

一節一節的巨龍剛剛讓開，場子裡走出四個隊的男女青年，唱歌跳舞。女的手裡都甩著長長的帶子，要多麼整齊，有多麼整齊。男的竄綳跳躍，有的疊羅漢，有的倒立著跳動，引起觀衆們的喝彩。跳到熱烈的節骨眼上，姑娘們叫起來。那些吳儂軟語我們聽不懂，但從手勢和表情上看得出，她們歡迎大家也走進場子，跟她們一齊唱一齊跳。

穿制服的學生走進去，黃頭髮藍眼珠的外國人走進去，破衣襤衫的流浪人走進去，白髮的老翁走進去，更多的人和她們混合在一起，配合著鑼鼓的節拍，暢快的亂跳！本來還能算得清看熱鬧的是玩鄉會的人四倍到五倍的，現在攪合在一起，彷彿又多出兩三倍，變成巨大的人潮。

有的人不慎摔倒，被人扶起來，走到場外去。更多的人漸漸乏了累了，這種狂歡的場面才慢慢緩和。加上那幾位美麗的姑娘在鑼鼓的簇擁下，離開現場，向山下走去，人們逐漸散開，一群一群的減少。周圍的亭台露出來，刻在石壁上的大字也浮現在眼前，疊在一起的石頭也裸露了，場子上只剩下我們這一群觀光客了，導遊才突然站在場子的左側，大聲說：

「各位貴賓：你們知道你們剛才看到的舞龍和跳舞，是在什麼所在嗎？」

他忽然用反問的口吻考我們，眞使我們怔住了。我不假思索，冷靜的回答：

「那還用問，是在一塊空地上。」

大家都附合我的話，接連的點點頭。導遊把臉一板說：

「錯了！百分之百的錯了。他們剛才佔據的和我們現在所站的，不是在空地上，是在一塊光光滑滑的石頭上！這塊石頭的面積，從東到西，從南到北，可以容納一千個人盤腿打坐在上面，所以叫作『千人坐』，又叫『千人石』。」

我打開瓶子蓋兒，倒了一把冷冷的曠泉水，拍一拍腦門兒，覺得自己完全清醒了，疑惑的問：

「導遊先生，你不是開玩笑吧？那麼多的人瘋狂表演，會在一塊石頭上？沒有一個人走出石頭？」

「是啊，」導遊說：「如果有人不信，可以在原地轉幾圈，仔細瞧瞧。」

我們一共十八個人都不相信，大家走進剛才表演的場地中心，來來回回的轉了好幾圈，又東走西走，南走北走的測量了很多趟，驚異的看出，這塊場地眞的是一塊大石頭，從西南開始向東北略微傾斜，只有很少瘦紋，也有一些斑痕，大致說起來，是完完整整的巨型陀石。而那些瘦紋，只像皺折長在老人的臉上，也衹散佈在陀石的邊緣。再彎下腰細細觀察，石板呈淺淺的紫絳色，座落在周圍皆高的盆地間，變成了盆子底。

「妙啊，」白髮老人讚嘆著說：「它有多大呢？」

「橫著豎看，至少也有好幾畝地。」一個年輕人回答。

「像這樣平坦的巨石，很多名山上都有，但它們都是豎立著的，成爲懸崖峭壁。」老人說：「只有征峰的人打下釘子，才能爬上去。像這樣平躺著的，確實沒見過。」

「如果它聳立在水邊的話，就是長江中游的赤壁，」年輕人說：「可以供人刻字題詩。」

「奇！眞奇！」大家紛紛議論：「這是大人國裡的一塊小石頭，扔到小人國裡面來，才不會有大的裂痕。」

「誰是大人國呢？」

「大自然。」

「誰是小人國呢？」

「就是我們。」

大家哈哈笑起來。導遊說：「不管你怎樣看，怎樣打比仿，它確實是虎丘山上的一個景點，剛才被那麼多的人阻礙著，我不能馬上介紹。」

我站在「千人坐」的中間，向四面轉了一圈，深深吸了一口氣，慚愧的說：「對著這塊巨石，要說一句眞心話，剛才我們錯怪了你，先生，你眞是一位好導遊。」

「由於這塊石頭太大，也太難得，蘇州人有什麼盛大聚會，都在這裡舉行。」導遊又補充著說。

接著，他又爲我們介紹了生公講台，石點頭，虎丘劍池那些景點，都在這塊千人石旁邊。我們才知道這裡是虎丘的風景精華所在。他剛才說的被人叢擋住，沒有法子介紹，絕不是虛語。

我們看見了也相信了，那些玩鄉會的人群是個證明，虎丘塔高聳在山頂，只是蘇州的優美地標，而千人石才是蘇州最難得的景點之一。

這一塊石頭，沒有哪一個人能把它移到家裡去，也沒有哪一位帝王能像乾隆皇帝搬運敗家石那樣搬到宮墻裡去。它的體積實在太大太大了，由於天天踩在人的腳底下，人們反倒忽略了它的價值。它才是蘇州的瑰寶，是大自然贈送給虎丘的。

介紹完了劍池，那是我想抄起一把水，清醒頭腦的地方，也是吳王闔閭埋隱骸骨的地方，人們都深信，如果沒有闔閭王，也就沒有蘇州。他的墓地就在巨石旁邊，也許隱藏在千人石底下吧，哪眞是沒有法子打開了。

我越想越有點迷惘，只聽見導遊又走在前面說：

「現在大家跟著我，沿石級上去，我們去看那座寶塔吧。」

七、遊貢院的聯想

去年十月二十七日下午，隨著「江蘇籍台灣作家訪鄉采風」團，遊覽南京夫子廟風景區的貢院。那裡將科舉時代的考場，佈置出很多間，佔著很大的區域。而入闈的考生們都用蠟像塑造，作生活化的展出。我們一邊看著，才知道讀書人多麼不容易，參加科舉考試是多麼的辛酸。

導遊是一位美麗的小姐，口齒伶俐。她把帝制時代，考生住進考場，參加考試的各種苦況，編成一段詞令，款款道來，快的時候快，慢的時候慢，節奏分明，使人聽了，彷彿聽單口相聲，十分逗趣。

當她介紹到清朝以前，考科舉的生員中，以江蘇省考取的狀元最多時，大家都站在那些狀元的排名表前面。她笑著問參觀的人們：「你們的那一府那一縣內，有沒有人中過頭名狀元啊？如果有，請說出名字，過一會兒查一查名表裡，有沒有他？」

我順口答應一聲：「李蟠，是徐州府的。」——這裡必須聲明，當時只知道名字的字音，並不知道是哪一個字。

導遊小姐略一思忖，笑著說：「有的。恭喜你，恭喜你，證明你們那一府的文人克苦第一，聰明第一。」

寫這篇文章時，我已不能記得在科舉時代中間，江蘇省高中狀元的總共有多少位？只記得在長長的幾行排名表中，確實有李蟠這一個名字。

說來慚愧，對於徐州府僅有的這位狀元，我是久聞大名，只知道字音，卻不清楚是哪一個字？應該怎樣寫？我一直以爲是開天闢地盤古的盤字，直到在排名表中找到他的大名，才弄清楚是蟠桃的蟠字，心裡不免一喜。

我最早聽見李蟠這個人，是從說書場中聽到的。唱大鼓的賣藝人已把他的事蹟編成長篇的大鼓書，書名叫「李蟠放小鷹」，連說帶唱，可以唱個兩三天。

故事的內容大致是這樣的：

李蟠在青少年時期，是浮浪子弟，喜歡在秋天的曠野上，放鷹捉兔子。他和崔家小姐自幼定婚，由於李家家道中落，淪爲破落戶，他的岳父想打退這門親事，且和李家結成寃仇。

崔小姐堅決反對父親的主張，不願意退婚。有一次，李蟠放鷹獵兔時，湊巧闖進崔家後花園，遇見崔小姐，經她鼓勵，並且暗贈金銀相助，才發奮讀書。

這件事被崔老頭知道了，一怒之下，連女兒也趕出家門。崔小姐得知李蟠已進京趕考，便尋到京城，在落難中遇見皇后，非常喜歡她，認成乾女兒。

李蟠高中狀元後，欽封八府巡按，回到徐州府，查到岳父犯案，正要治罪，而身為格格的崔小姐趕到，幫助審明那件案子，救了父親，結局是大團圓，自己也如願嫁給李蟠。

十三歲到十五歲時的我，在徐州市讀書，常常到雲龍山上遊玩。每一次去，都要經過馬市街的一條巷子。那條巷子裡，有一座高大的住宅，蓋的全是琉璃瓦房子，豪華而又有氣派。在大門口上，豎著一根旗杆，就是狀元旗杆，那座住宅也正是狀元李蟠的府邸。歷經一百多年的風風雨雨，仍未損壞。

寫這篇文章時，為了求得眞實貼切，我要不斷的回憶過去的生活。這個片斷想一想，那個片斷想一想，進入不同的時光隧道中，恍如做一場春夢，眞不知道夢醒時，是在哪一個時間哪一個空間當中。是在去年的南京市呢？一直仍未歸返台北？還是在青少年時期的徐州？站在李蟠的家門口？也許是在童年時期的故鄉吧？聽唱大鼓的人唱李蟠放小鷹的故事，至今仍沒有唱完？

民國九十一年四月十八日

八、徐州半日遊

一

自從一九四八年十一月起，我離開遙遠的北方遷徙到臺灣來。五十三年以來，使我魂牽夢繞的地方，除了故鄉新安鎮以外，第二個就是我在那邊讀過三年初中的徐州市了。

去（二〇〇一）年十一月裡，我回家鄉給父母親掃墓，哭祭已畢，含著眼淚想，既然掃墓已來過兩次，應該去完成另一個心願，便是抽暇趕往號稱古彭城的徐州，去尋訪北國的風沙，尋找昔日的夢痕了。

陪我一同前往的，是我的姪兒段寶山，年齡剛上四十。我們在東關的火車站下車，改乘汽車前進。我的第一個目標是行經市區時，看看那兩座校門，隨時可以下車，站在校門前留影紀念。到得很早的原因，是早晨的車輛行人比較少，站在馬路旁邊照相，不會妨礙來往行人。

我記得很清楚，一個校門是聳立在舊時的中正路上，座南朝北，離老中山堂不遠。現在這條路已經拓寬，改名爲淮海路。車子沿著街道向前行駛，兩旁的高樓大廈林立，招牌縱橫斜豎、寫的有一半是簡體字，行人車輛穿梭，就是望不見那一座綠色的校門了。

另一處校舍，是青石塊砌的牆，在彭城路上，也就是和老中正路的交岔口。車子也繞彎經過那裡了，校門和校址一個也沒有湧現。我心裡想，完了，不是車速快，是我來得太晚了！在一九八九年到九〇年中間，剛剛開始開放探親時，聽頭兩位回返臺灣的同學說，那兩座最老的校園還沒有打燬，雖然歷經戰爭，仍屹立在原地點。

那時的徐州很古樸也很破爛，古羅馬最使人受不了的地方就是擺著歷史的爛攤子，徐州也是那樣，不能開倒車開回古彭城時代去。經過這幾年的翻修改建，將礙眼礙事的東西全部拆除，新人不唱舊時歌，那兩座校門已經是「舊的不去新的不來」了。

我的第二個目標，是遊覽城南的雲龍山。它是這個都市風景最秀麗也是古蹟最多的地方。甚至可以這樣說，如果沒到過雲龍山，等於沒到過徐州，即使你住在這裡三年五年。

到了山下，是上午九點鐘，寶山又乘便找他的女兒也是我的姪孫女兒段琳琳一同前往。琳琳的年齡只有十四歲，在山底北角的臥牛體育學校讀書。

看見他們父女兩個，我不由得緬懷起當年在烽火前夕離開徐州時，自己只有十五歲，匆匆收拾起一個包袱，趕往火車站的情景。那時不但沒有琳琳這個丫頭，連寶山也不知在那裡颳旋風呢。

在這漫長的歲月中，世界上的事如一場煙塵，變化很大！中國歷經很多磨難，變幻更大！我已年近七十歲，白髮蒼蒼，眼前的這座雲龍山，也是歷經滄桑，不知變成什麼樣子了。

順著石級向上走，才爬了十幾步，我的鞋子趔趄了幾下，低頭仔細一瞧，鋪在下面的青石級，有些石頭破裂古舊，帶著磨損的斑痕。有些石頭晶瑩閃亮，看樣子是十幾年內補墊上去的。由於新的工匠不如老的工匠，孫子不如曾祖父，補的手藝拙劣，中間閃出細縫，石頭和石頭中間，也高低不平。

我對寶山說：「這條青石頭鋪的道路，仍是清朝以前留下來的。」

「你怎麼知道？」他問。

我說：「如果把舊路剷除，另闢一條新路，一磴一磴累上去的石級，統統是新的了。由於捨不得挖掉老路，仍用它的骨幹，才顯得舊的青石多，新的青石少，露出在不同的年月換過不同的石頭了。」

「嗯。」他點一點頭。

看起來衹是一條彎曲的路，卻隨著悠悠的歲月和風霜雨雪在變幻。

又朝上走了兩三分鐘，有冷風吹過，寶山指著東邊一座隆起的土丘說：

「那邊有一個碉堡，還有一個機槍眼。」

順著手指的方向瞧，在幾棵小樹旁邊，眞的有一處防禦工事。下邊用鋼筋水泥打造，高處以泥土堆頂。機槍眼對準山的下方，眼孔又橫又長，略帶一點彎曲，也是用水泥修的。

那座碉堡已很破舊，早已廢棄不用，上面長出許多荒草。

我想了一想說：「那多半是徐蚌會戰時留下來的——歷史的陳跡，在我讀初中時，上過這座山不知多少次，從來沒看見過機槍陣地，和戰爭相關的東西。」

「叫你說，是你們那邊的軍隊留下的啦？」寶山問。

「多半是。」

「徐蚌會戰？」琳琳忽然插嘴問：「什麼叫徐蚌會戰？」

「就是淮海戰役。」寶山說：「在臺灣那邊叫那個，在我們這一邊叫這個。名詞不一樣，事件是一樣的。」

「誰勝了呢？」小丫頭又問：「誰敗了呢？」

「誰勝誰敗，都是悲劇。」我說。

「怎麼會？」

「死的都是中國人。」

二

再朝上去，林木越來越茂密，左右兩邊偶爾會出現用青石建造的涼亭，是供遊人休息用的。冬天坐在裡面，飲酒賞雪，看山川一片雪白。夏天坐在裡面，一面喝茶，聽著樹上的蟬鳴，昏昏欲睡。

其中一座亭子內，豎著一塊大石碑，看上去有點觸目。我敢肯定它是在我走後建立的。

因爲我打開記憶的門鎖，向深處仔細搜尋，山上的這些亭子，都是多角形的，不會錯。每一座亭子的周圍，都是用石柱撐住，石柱和石柱中間，橫著一人多寬的長石凳，供遊人坐臥，也不會錯。就是沒有一座亭子內，設有紀念碑的。

時代不同了，我想，豎起一塊北伐時期的紀念碑，也許有它特殊的意義吧？

我不斷留意那些涼亭，是想找到過去曾經躺臥過的那個長石凳。

一群十三、四歲的孩子，第一次爬上這座山，發現那條長石凳的下邊，就是兩三丈高的懸崖，大家就爭吵著說，這座山叫臥龍山，誰能在那條石凳上躺個三天三夜不摔下去，誰就是「臥龍先生」，也就是活孔明了。

第一個躺上去的同學說：「你們可以拉我下來，卻不能推我下去。因爲推是朝外邊，直直的落下去兩三丈，掉在石頭上，就變成死諸葛亮了。」

大家都爭著把別人往下拉，自己搶著躺上去。開了十幾分鐘的玩笑，嚇跑裡面原有的遊人。

就從這一刻起，每一年放暑假，我都會帶著一本書，躺在那個長石凳上，過一過「臥龍先生」的癮，一躺就是大半天。而長長的暑假，多半的日子，都是在雲龍山上熬過。

找來找去，不見那個舊涼亭。有一處亭子很像，石欄杆卻統統換過，搭在兩根石柱中間的石凳，受欄杆限制，縮得很短，中間已躺不下一個人了。

我暗暗慶幸，這樣的設計也好。新的式樣稍嫌繁複一點，卻具有安全性，不會摔碎惡作劇的諸葛亮了。

三

到了山頂上，進入風景的精華地帶。最使我關心的，是放鶴亭和飲鶴泉。

在山頭的正中央，一個小小的井口上，罩著生鏽的細鐵籠蓋子。籠子上面有巴掌寬的縫隙，如果遊人有興趣走到井口，向下面探視，身體必須蹲彎下來，視線穿過細鐵條中間的空隙。這個景象太陌生了，彷彿是從外國移來，若不是旁邊豎著一塊石碑，上面雕刻「飲鶴泉」三個大字，我幾乎不能認得。

五十幾年以前不是這樣的，那時我每一次爬到山頂，走近飲鶴泉以前，都會揀一塊小石子兒，到了飲鶴泉口上，把小石子兒對準泉口，手指輕輕一鬆，石子落下去，大約要過一分多鐘，才能聽見下面發出咚的一聲，讓你體會出井口離水面有多遠，而泉水又有多麼深。它就在雲龍山底下，又是最底下，蘊聚著一泓寒涼。

從久遠的年代，登這座山的遊客們，向泉口丟下小石子兒，來測試山頂到水面，究竟有多遠、到底要落多久的，正不知有多少。大家也傳講一個故事。

宋朝的時候，有一位隱士，名字叫張天驥，在山上養了兩隻仙鶴。每天早晨，他把仙鶴放出去，等到傍晚時分，牠倆又展翅飛回來，落在泉口附近。

爲了印證這個，在飲鶴泉北邊，十幾公尺不遠處，還有一座放鶴亭，上面坐滿遊客，在微笑談天。而東邊的斜坡上，闢出一片平台，做了幾隻陶瓷的仙鶴，顏色跟眞鶴一樣，俗是俗氣了一點，什麼仙不仙的，它們可以滿足兒童和青少年的癖好。

放鶴亭依舊，又在飲鶴泉南邊的不遠處，建造一座招鶴亭，景色變了，亭子也添建了一座，眞是一代人有一代人的衣裳，一代人有一代人的風景。

泉口上加蓋鐵籠子，是保護古蹟原樣，恐怕遊人永恆的向下面丟小石子兒。據遊山的人們說，泉水已經乾枯，成了一口旱泉。如果人們繼續丟小石子兒的話，不知多少年以後，總有一天會把泉口堵死，再找不到放鶴泉了。

前人的遊戲玩得太多，享受太過，會使後來的人沒有福享。

聽見別人這樣說，我的心裡眞有點慚愧。當年登上雲龍山，不知多少次，每一次都丟一塊小石子兒下去，眞不知丟了多少小石子兒。如果泉水眞的枯了，要捉人判罪的話，十三歲到十五歲時期的我，也是罪人。

四

剛才上山的時候，不斷的回頭望，總覺得北邊缺少一樣什麼。等到在飲鶴泉旁照過相，坐在招鶴亭上休息，臉孔正好朝向北方，隔著一些樹梢再望，靈機一動，這才愕然想起來，那邊應該有范增墓的，是一座印證歷史的古丘不見了！

在我的記憶中，那座墳墓很大，相當於三分之二雲龍山的高度，離雲龍山又很近。不知道的人，如果站在西方朝東望，會以爲它是雲龍山的一部分。

相傳在兩千多年以前，范增死時，項羽命令他的大軍每人捧一把土，來掩埋功高的亞父。他的大軍有三十萬人，每人捧一把土總共三十萬捧土，才堆成那樣高大的一座古丘。春天，我來遊山時，可以望見范增墓上放起幾十個風箏。既然可以容納幾十個人在上面放風箏，便可以想見它的面積相當遼闊了。

范增墓的消失，使徐州市缺少一樣古蹟。堆起來很難，扒掉了非常容易。我不禁有點惆悵，對寶山和琳琳講述那座墓的形象，和它的歷史意義。

寶山不信墳墓會有那樣高那樣大，走去問賣紀念品的老人：

「范增墓在那裡？眞有那樣一座墳墓嗎？」

「有又怎樣？沒有又怎樣？」

「我想知道有沒有？」

「有是有，早就扒掉了。」老人淡淡的說。

五

離開招鶴亭往東走，去看興化寺。

這裡正是廟宇的後邊，我發現東邊的一溜廟牆變了樣兒，是用高大的石碑砌成，每一塊石碑上都鐫刻著正草隸篆的書法，留自不同的年代，落款的人名裡，有的熟悉，有的第一次乍見，但字確實寫得好。可以看得出，這些石碑是從各地方蒐集來，改作廟牆用的。

這段碑牆，又跟原來的不同。當年遊廟的人們，傳講著一句話：「後牆三塊磚，佛像三丈三。」變成徐州市的民謠。這句話的意思是：後牆很矮，是用三塊磚頭的高度砌成的，頂多只有膝蓋高。但你走到佛像前面去看，那座大石佛卻有三丈三尺高，又在同一個位置。

怎麼會呢？

這是一個奇蹟，也是一種巧思。中國有不朽的名匠，創造出神奇的建築物。原來大佛是刻在陡峭的石壁上，據說，那是北魏時期留下來的石窟之一，也是中原地帶罕見的藝術品。人走在後牆外面，正是走在山壁的最高處，所以那裡只有三塊磚頭高的一段矮牆。要想看見大佛的話，必須繞到南邊的一道廟門內，順著石級走下去，到了大殿裡面，方能看見三丈多高的石佛，威嚴端莊的法相。

我記得非常清楚，那座大石佛是坐姿的，兩隻手臂下垂，雙手交疊放在兩條腿中間，一副寧靜入定的樣子。它的渾身上下呈灰青色，那種古樸的顏色也就是石窟的本色，越是原樣越好。

聽最早回到徐州又返回臺北的朋友說，大石佛仍坐在那裡沒動，可惜的是，在文化大革命期間，被紅衛兵打斷一條手臂，帶著明顯的裂痕。

我一直想知道，佛祖的法力究竟到那裡去了？怎會被紅衛兵打傷的？更想看一看打斷的是哪一條手臂？

我們買了三張門票，繞到下面去看，大佛殿前高搭著竹竿做的鷹架，幾個工人正忙著敲敲打打的施工，在整修大殿。再抬頭仔細朝裡張望，大石佛的頭和臉部已粉成金黃色，剔明透亮，彷彿是用黃金打造的一樣。而臉部以下，被一幅巨大的紅色布幔遮蓋住，表示正在施工期間，恕難打開來，讓任何人一睹佛祖的眞身。不但看不見斷裂的手臂，連盤著打坐的兩條腿也統統遮蓋住。佛像不是灰青色，變成金黃色和大紅布的了。

我的心裡暗想，這樣也好，這是難得見到的一次，讓我碰上了。試想在宇宙中間，天災、地震、戰爭和人禍，一再的循環重演，那有萬年以上的古蹟？永遠不變的長城呢？只要把壞的地方修補好，再粉上金身，新的彩色又變成藝術品的一部分，等到它經過千年百代以後，未來的人們瞻仰它，又變成前人傳下來的，沒受過傷害的古蹟了。

人類活著，不就是這樣周而復始的嗎？更何況大佛背後的那座牆，砌成了一道碑林，高貴典雅，比原來的三塊磚要精緻多了。有一失必有一得，這是千古不變的定律呀！但願以後不再發生戰爭，讓後代子孫不再重演我們的悲劇，那就好了。

六

雲龍山的西邊，順著山腳延伸下去，本來是一所很大的運動場，建有好幾個籃球場，還有四百公尺的跑道，中間設有足球場。其他的尚有排球場、網球場等。最北邊，是一個講話台，台前的空地也很遼闊，每到青年節和國慶日，可以容納幾十個中學校和小學校的學生，在上面開紀念會。

長大以後的我，曾細心體會，那裡就是項羽和劉邦兩支大軍衝鋒交戰的古戰場的一部分，因爲西北方就是九里山，韓信曾在上面舉起指揮的大旗。而徐蚌會戰的戰役，那一帶也必然會捲進砲火的漩渦。

如今，那個運動場早已湮沒，變成一座人工開闢的湖泊，叫作「雲龍湖」了。

最早聽見回到臺北的徐州老鄉說，那裡是徐州市變化最大的地方。我還替徐州人慶幸，少掉一個古戰場，使雲龍山的風景區擴大到下邊的雲龍湖，山和水連接在一起，山可以見水，水也可以映山，互相陪襯著，正是化干戈爲玉帛的開始。這是砲口裡面塡滿泥土，長出稻穗來，好事情呀好事情！

和朋友對談時，首先讚美名字取得好。它在徐州的西南方，若是再叫西湖南湖的，使人想起杭州的西湖，武漢的東湖，實在太俗氣了。叫「雲龍湖」的意義，使後來長大的人，認爲它是雲龍山的一部分，自從有這座山起，就有那座湖了，可以不去追想那些古戰場今戰場的血腥事蹟。

遊完興化寺，我們循著原路回去，由稍微偏西的小路走，在樹叢稀少的地方略微站立一會兒，向西方眺望，那麼明亮秀麗的一泓湖水，上面有長堤，也有亭台樓閣，實在太美妙了。若不是有俗事牽絆，依著我的性情，一定會順著山坡走下去，遊過那座湖才能罷休的。

沿著舊路下山，在半山腰的一座涼亭內，三個人坐下來休息。

亭子旁邊有一個打彩的攤位，在木板牆上懸著一排一排彩色的氣球。又在十多公尺的遠處搭起一個木欄杆架子。有一個十一、二歲的小男孩兒，隨著四個女人走到那裡，吵著要打彩。他的母親便掏出人民幣給小販，小販交給小男孩一支裝好子彈的玩具氣槍。

他隔著木欄杆向木板牆上射擊，接連三發，沒有一槍打中，悻悻的把氣槍遞回給小販，跟著那四個女人向山坡上走。

他的母親爲了讓大家看得起她的兒子，一面走，指著她的兒子說：

「他說過，長大以後要當兵，去解放臺灣！」

我一聽這話，身上陡然涼了半截。如果孩子們還有這樣的觀念、還受這樣的教育，兩岸高叫的和平統一中國，以及雲龍湖的開闢，還有什麼用呢？

民國九十一年二月十三日發表於中央副刊

九、閱江樓記古都曲

在秦淮人家賓館裡，我們愧享了一頓豐盛的宴席。主人朱步樓先生特別好客，慇懃勸酒，連我這個滴酒不沾的人也乾了兩杯。醉是不會醉，總覺得有點興奮。

離開秦淮河，車子載著我們這一群從臺灣來的賓客，穿過南京市區。正是華燈初上，車子在朦朧的燈光變幻中向前行駛，七繞八轉，來到一個陌生的地方。

我從車窗裡向外望，左邊出現一座小山，山上有一座俊逸的高樓，讓那座山又挺拔出多少丈。沿著高樓的四周輪廓，包括每一層樓的翹簷飛角，都裝上五顏六色的霓虹燈，晶瑩剔透，煥發著迷人的光彩，愈顯得高樓的秀麗，使人懷疑是一座仙宮高聳在天上，絕不是人間幻境。

在那座高樓旁邊，另有兩三棟建築物，也都閃耀著亮麗的光彩，依如那座如夢如幻的高樓，是按照建築物的輪廓形狀設計燈光，說是點綴又不似點綴，玲瓏巧思，務必將建築物的外貌烘托出來，才能陪襯出那座高樓也是仙宮的巍峨壯觀，在典雅中透出嫵媚，婀娜中顯出莊嚴的雄姿。

越過一座橋，車子停在山腳下，我們下了車，燈光中顯出一片人影。不聽口音，都不知道是從那裡來的，做什麼來的。下關區擔任導遊的×先生介紹說：

「這座山叫獅子山，山下的水灣是個江岔子。五、六百年以前，這裡曾是古戰場，朱元璋在這兒擊敗漢王陳友諒。」

剎那之間，使我墜入歷史的長河。陳軍乘船艦，要攻上山坡，必須棄舟登岸，在刀槍劍戟的鋒芒下，和朱軍拚殺。朱元璋坐在山頂上指揮，看著籠中蝙蝠的變化，知道天象，曉喻三軍說：「半個時辰以後，天上必降大雨。我軍乘雨勢衝擊，一定大獲全勝！」

那是朱陳交鋒的第一場會戰，朱軍勝了，奠定了大明朝兩百七十年的根基。

爲了證明歷史不會錯，山下有一群穿著明朝服裝的人們在歡迎我們，也有四人抬的各色小轎，轎帘半敞，座位柔軟舒適。只要誰覺得腳力不夠，爬不上這一座元明交替的古戰場，可以坐在轎子裡，由穿明朝服裝的轎伕抬上去。

余光中、張默、司馬中原和我，都是一群不服輸的老蚯蚓，寧願累得喘氣、累得淌汗也要憑兩條腿爬上去。山路用石級鋪成，，坡勢並不陡峭，每轉一個彎，就現出一片光亮的夜景。經冷風一吹，我的頭腦像秋天一樣清醒。爬到山的半腰，遙望南京市區，燈海連著燈海，正是半古老半現代的城市最熱鬧的時候。在衆多的耀眼燈光中，有兩排燈光連成兩條細線，引人注目。每隔開相等的距離，就是一盞非常亮的明燈，互相牽引，連成兩條長長的直線，格外炫目也特別有氣勢！

導遊先生又指著那兩排燈光，大聲的說：「那構成直線的燈光照耀著的，正是長江大橋。它橫跨在江面上，連接起南方北方兩半個陸地，是當前中國最重要的橋樑之一。」

我們眺望一會兒，想像著浩淼的江水滔滔西來，又滾滾東去。再轉向另一邊，一座朦朦朧朧的山嶺，聳立在不遠處。山上林木很多，將山影遮沒，只覺得它很高，燈光又稀少，看不清山的外貌。導遊又指著它說：

「那邊蓊蓊蔥蔥的一大片，聳拔上去，燈火最少的高處，就是紫金山。沒有它，秦始皇就不會開鑿秦淮河，破壞它的龍脈了。」

就是這一天的上午九點多鐘，我們已經爬過那一座山，瞻仰過中山陵，對孫中山先生的坐像和臥像，都默默注目。對沿路枝枒低矮的雪松，也產生過不同的感情。山頂種著寒梅，另是一番風韻。

獅子山並不高，只有三百公尺，步行上去只要十多分鐘。我的思緒起伏，情感奔放，難掩一種想作詩的衝動。到了山頂上，再仰望那座秀麗的高樓，導遊又笑著說：

「剛才在山下向上遙望，看見的那座高樓，就是這一座大樓，名叫『閱江樓』。建造這一座大樓的緣起，是有一個故事的。明太祖朱元璋在開國初期，就想在獅子山頂建立一座樓，親筆寫下一篇〈閱江樓記〉。自己覺得文章雖好，到底不是文人。又詔諭滿朝文武百官，凡是能寫文章者，各作一篇〈閱江樓記〉，呈上御覽。經他仔細評賞，認為大學士宋濂寫的一篇最佳，便流傳下來。

「現在各位看到的閱江樓，要算江南第四座名樓。前三座名樓是岳陽樓、黃鶴樓、滕王閣。它們都是先有樓，後有文章記載創建的始末。唯獨這一座閱江樓，是六百多年以前，已有文章兩篇，記載它的興起，直到今年才蓋成此樓，是先有文後有樓的。請各位貴賓再看看右側的一座高牆，有鷹架圍繞著的，就是要鐫刻兩篇〈閱江樓記〉的石壁。正面刻的是明太祖寫的那篇。背面刻的當然是宋濂寫的那一篇。等待全部雕刻竣工，拆除鷹架，尚須一段時日。等各位作家下一趟來南京遊覽時，再逛獅子山，就可以看見了。」

樓前一片空地上，已擺滿椅子，供我們歇息。大家分先後坐好，表演節目開始。由一群演藝人員身穿古裝，演出朱元璋、馬皇后、皇太子和宮娥太監們的宮廷生活和禮儀，大約也有十分鐘。這種揉合了歌唱、舞蹈和話劇的節目結束後，大家都報以熱烈的掌聲。

導遊的指點完成，我們走進閱江樓，坐在高聳入雲的樓上，當晚的聯誼活動立即開始。

這是集江蘇省作家協會、南京市文學藝術界聯合會，以及臺灣來的作家十六位，共聚一堂的盛大聯歡晚會。雅士雲集，服裝百彩，約有兩三百人參加。自有這座大樓後，可說是盛況空前。主席首先發言，將此次聚會的意義略作說明，希望大家賦詩作對，或當場揮毫、寫字作畫，以這座新落成的大樓或這場盛會為題，將江蘇省作家訪鄉采風的意旨表現出來。

這時，我正坐在管家琪女士旁邊，掏了兩次口袋，發現自己沒帶筆，就問她：「您帶筆沒有？」她立即取出原子筆借給我用。面前就有白紙，我便在紙上寫下四句詩，想了一想，又定下詩題爲「古都曲」。自己仔仔細細看了幾遍，覺得還可以拿得出手，是份賀禮。等到余光中和司馬中原代表我們致過答詞，換了另一位節目主持人，他徵求第一位作詩作畫或當場揮毫的人。我馬上舉手，經過他的同意，在全體騷人雅客的注視下，我拿著詩稿站在麥克風前面說：

「各位新朋友，各位老朋友，大家晚安。和我同來的臺灣作家們都知道我是一個小說家，卻沒有人知道只要我來到大陸，走進歷史和風景，我就變成一位詩人。但我寫的不是新詩，而是舊詩——唐人的近體詩。剛才信步走上來，一時興致大發，用心靈的聲音口占一首七言絕句。現在朗誦出來，請大家多多指教。接著，我大聲朗誦道：

閱江樓頭望江潮

紫金山上祥雲繞

九朝繁華難洗淨

京城列數南京老

念完，又介紹詩題爲：「古都曲」。

樓上人多，未必都有歷史觀念，我當時只解釋了第三句的「九朝」是指的那些朝代。「京城列數南京老」，除長安、洛陽等都城，比南京古久外，則泛指全世界所有的國家，如英國的倫敦、法國的巴黎、日本的東京，在建都的歲月上都不如南京歷史悠久。

語畢，獲得全體一致的稱許和掌聲，給我愛的鼓勵。大家都想不到一個隔海的陌生人，來到陌生的地方，一首詩口占得那樣快。

回到臺北以後，情緒慢慢冷靜下來，我重新寫下這首詩，反覆推敲，覺得有詳細解釋的必要。詩不是隨便吟的，也要意會得寬闊一些。

第一句的「江潮」二字，是胸中有也是眼底有的實景，更具有象徵的意義，指的是政治和軍事上的浪濤，一波又一波，不斷的衝擊著金陵、白下、江寧和南京。

第二句「紫金山上祥雲繞」，若認爲是單獨指著紫金山，就太狹窄了。獅子山離紫金山近在咫尺，既然蓋上這樣一座高樓，討的就是吉祥，當然也要祥雲紫氣繚繞，大吉大利。

「九朝繁華難洗淨」，九朝是歷數三國時期的東吳、南晉、宋齊梁陳等共六朝。再朝後面算來，又有明朝、太平天國和民國，都在這裡建立國都，有些像竹竿長，有些比筷子短，加起來共爲九朝。至於「繁華難洗淨」五字，也要引申得寬廣一些。算來最大的一次軍事衝擊，應數日本侵略中國時的南京大屠殺！再往前細算，還有北王殺東王、翼王殺北王的太平天國之亂。在它之前，只有七朝而已。再倒著數上去，尙有叛將侯景的圍城，逼得梁武帝蕭衍，城中無糧幾個月，可憐的皇帝，只有雞蛋可以充飢，終於餓斃，那些老百姓更不知餓死多少。當然，在他之前，只有四個朝代，也算一次巨浪了。若是單從近代史上去追究，光指國共戰爭和後來的浪潮，詩意便太淺顯，何況最大的一次江潮是日軍的南京大屠殺呢。

第四句最堪玩味，作者自知若拿本國的京城比較，比南京建立國都更早的，尚有西安、洛陽。從西周、秦朝和西漢時期起，古咸陽、長安就是全國的京都。西漢以後又有東漢，劉秀建都在洛陽，也比南京歷史悠久。東漢亡後，才有吳蜀魏的三國呀！可是，我吟古都曲的地方是在南京，抬頭只能看見獅子山下的燈火，看不見西安和洛陽，就人情上說，這不正是《世說新語》上講的「日近長安遠」嗎？

再說，中國歷史上本有四大名樓，江南占了三個，前面已經提過。北方只有一個，叫鸛雀樓，可惜毀於兵燹和風霜雨雪，至今不見修復重建。現在，江南的第四座名樓都聳立起來了，宛如仙宮，後來居上，更勝過前面的三座名樓，而鸛雀樓依然沒有重修的影子，能怪我獨讚南京的歷史悠久嗎？

順口占來的詩，最容易遺忘。我已年近七十，正是記憶力衰退的時候，若是不用筆寫下來，早已忘到九霄雲外。如果這首詩還可取的話，那是管家琪女士的原子筆好，十月二十七日的晚上若不記載下來，早已化作長江潮中的一滴浪沫，漂進東洋大海了。

十、林森主席遷都星沉記

抗日戰爭初期，八一三淞滬戰展開，炮火連綿兩個多月，我方陣地陸續陷落，國民政府主席林森先生坐鎮南京，日日注意戰報。十月二十六日下午，我軍放棄閘北，日軍以爲已經攻佔整個上海，便在電台上吹噓宣傳，並向上級報告全面勝利。詎料在向蘇州河燒殺搜索時，發現四行倉庫內仍有中國守軍，這便是謝晉元團附率領八百壯士，願與陣地共存亡！雙方於二十七日展開斷續血戰！

十月二十九日，蔣委員長在南京召開軍事會議，按照全程戰略構想，已經粉碎日本「三月亡華」的美夢，必須逐步向西南撤退，誘使敵軍由東向西深入，再多多開闢戰場，用消耗戰拖垮敵人。第二天，國民政府決定遷都重慶，建立抗戰大後方。但爲了欺敵達到預定的目的，消息並未傳出。

乍看起來，中華民國政府西遷，是因上海戰局失利，被逼啓行的。實際上，這個抗日大計，早在兩年前就定下了。民國二十四年一月十二日，國民政府軍事委員會行營參謀團，由賀國光主任率領到達重慶，進行會商。蔣委員長是在三月二日親臨重慶視察，由侍從室陳布雷、錢大鈞等人陪同，於四日召開會議，發表談話說，這一次到四川來，是爲了開發四川潛力，統一步驟，並以四川爲民族復興的根據地。劉湘爲四川省的省主席，是靠地方勢力興起，在割據爭鬥時期，絕不接受中央規勸，但在奪到省主席權位以後，知道日本必然侵略中國，若是國民政府抵抗不住日軍，在沿海或華中一帶瓦解，日軍向西南進犯，自身也是難保。何況中央若是遷來四川，重慶和成都各地必然走向經濟繁榮，經過一番深思熟慮，他才答應下來。並在六月十八日，將省政府遷往成都，讓出重慶給中央，以行動表示自己心胸。從那年開始，上海和南京的許多重工業設備，已悄悄遷往西南。遷都決策，可說從那時候已定下。上海保衛戰失利的影響，只是決定遷都的時間而已。

林森主席在離開南京以前，先到中山陵內祭告　國父，內心萬分沉慟。在十一月上旬，國民政府的文官處、參軍處和主計處的官員，都在清理檔案卷宗，收拾整理。員工和眷屬們也打點行囊，等待上船的日期。很多人焦慮徬徨，不知前途如何。只有少數官員仍在辦公，和各院及軍事委員會保持密切聯繫。

八百壯士繼續和日軍奮戰，敵人又擴大戰爭面，攻打金家宅、竹園、濠樓、中歸塘一帶等處。我軍步步緊守，絕不退讓。十一月五日，日軍在杭州灣金山衛偷襲登陸，包抄上海中國軍後路，我方祇得迅速轉移陣地，增補南京方面的防線。

戰報天天吃緊，國民政府再也沒有觀望的餘地，林森主席於十一月十六日，依照遷都計畫，命令文官，參軍及主計三處官員，攜帶國家印信、旗幡、儀仗、以及其他重要器物文件等，登上「永綏號」軍艦。隨行的尚有侍衛隊、軍樂隊、醫務人員、員工眷屬等約一千餘人，於一天內登船完畢。

晚上，國防最高會議在鐵道部防空室舉行，由軍委會　蔣委員長宣佈國民政府遷駐重慶。林主席在席上向與會各高級官員辭別。會場上空氣沉悶，近於傷感，有人說：「重慶的名字很吉祥，含有重慶重生的意義，遷都重慶，是更生之兆，最後勝利必定屬於我們的。」參加會議的人員，精神上才振作起來，氣氛稍微輕鬆。

會議結束後，林主席神情沉靜，他最後一個上船，臨行時還對送到岸邊的人群說：「我已經七十歲。這一去，可能不會再回到南京了！你們一定要抗戰到底，贏得最後的勝利！」

十七日凌晨，「永綏號」在夜色中啓航，沿著長江西上，二十日那天，到達武漢，中央通訊社才發布「國民政府移駐重慶宣言」，一方面爲了欺敵，也是當時情況所需，政權歸於行政院，又有一部分政府官員在武漢辦公：輔佐軍事外交，儼然是國民政府。這使日軍在侵佔南京後，認爲只要打到武漢，中國便亡定了，乃分水陸三路進犯武漢，墜入　蔣委員長誘敵西上的妙計。

二十一日，「永綏號」抵達宜昌，抛錨不進。文官長魏懷請林主席下船休息。這是行程中預先計畫好的。因爲從宜昌再上行，便進入長江三峽，尤其是西陵峽內的黃牛峽一帶，險灘甚多，別處也狹窄多危，又有大迴轉沱，極難航行。現在是初冬天氣，正當枯水季節，他們乘的這艘「永綏號」軍艦，噸位太重，加上裝載的人員物資又多，沉上加沉，不能溯江上行，必須多耽擱一天，換長江的客輪，再繼續前進。

二十二日，已準備妥「民風輪」和「民貴輪」兩艘客輪，將「永綏號」上所載國家印信、旗幡、儀仗，以及重要器物等，換裝於「民風輪」，文官、參軍、主計三處的各位長官和高級官員，也換乘「民風輪」。其餘的物資、人員眷屬等，皆換乘「民貴輪」，也是一天換船完畢。

當二十三日，林主席率文武官員乘「民風輪」啓航時，四川省重慶市行政當局，才決定將省立重慶高級工業職業學校，作爲國民政府新的辦公地點。省教育廳轉達命令，限三天內將教職員、學生及一切用具遷往牛角沱省公路局車場，依舊上課。讓出的校址，很快加以改建，務必於十二月一日交給國民政府遷入辦公。

二十三日當晚，林主席乘坐的「民風輪」泊於巫山，「民貴輪」隨後亦到。

在三峽內航行，都是清晨啓碇，夜晚歇宿，人員非常疲累。停在萬縣時，是二十四日黃昏。

宿在涪陵時，是二十五日晚上。

當林主席按照日程，在三峽內前進時，四川省重慶市那邊已採取密切聯繫，算準行程和到達時間，事先準備好歡迎的禮儀。由行營主任賀國光，警備司令李根固，代市長李宏錕等，通知各軍政首長，準備好海軍「巴渝艦」和「長江艦」，另有「民律輪」，及各機關團體代表、學生和群衆約有十萬餘人，在二十六日下午三時許，各依位置排列好。當林主席乘坐的「民風輪」出現在「朝天門」外的江面上時，是下午四時，「巴渝艦」和「長江艦」立即齊鳴禮炮，共二十一響，接著便駛近「民風輪」兩側，表示護衛。

賀國光和李宏錕等官員，站在「民律輪」上，也駛出港口近前迎接，在三艘輪船歡迎中，「民風輪」緩緩到達太平門仁和碼頭。賀國光請林主席換乘「民律輪」，再航行一段路程，在「儲奇門」登岸。

從離開南京到達重慶，船行一共十天，林主席的臉上從未露出一絲笑容。他上岸以後，走在前面，接受十萬群衆的歡迎，儘管軍樂悠揚，學生們熱情高昂，林主席頻頻舉手答禮，但面色嚴肅，神情依然沉重。國民政府遷都至此，在他看來，禮儀歸禮儀，實在不是一件喜事。

十二月一日，行政院通令給各省市政府，行政院也依照中央決議，遷到重慶辦公。不多久，國民政府所在地的那條馬路，也改名叫「國府路」。

林主席到達重慶的初期，臨政是在國民政府，寓所則是借住省主席劉湘的公館，位於重慶近郊的李子壩。劉湘曾經表示歡迎之意，林主席也深深感激。但劉湘是武官出身，其公館門第森嚴，屋宇華麗又高大，廳堂擺設也有威武之象，極不合林主席恬淡風雅的性格。

民國二十七年二月十三日，川教院院長高顯鑒先生，邀請林主席到西郊歌樂山遊逛散心。那裡的風景十分秀麗，林木和竹叢茂盛，在胸懷暢快之餘，林主席不禁讚嘆說：

「人家都說重慶山林幽美，現在觀賞歌樂山，才知道話不虛傳。這座山名字又好，景致絕佳，我雖不喜唱歌，卻深深陶醉其中，樂而忘返了。」

「主席！」高顯鑒先生說：「你既然喜歡這座山的風景，何不在這裡蓋一幢官邸，長年久住呢？」

林森想了一想，遂同意在山上結廬居住。他的寓所靠近山上雲頂寺，搬到這裡以後，常到石崗子的一座小山坵上散步，一待就是半天。

蔣委員長雖在軍事委員會指揮作戰，有時也至重慶處理要事，在走訪林主席歌樂山的寓所以後，也愛上這裡的風景，便決定在歌樂山雙河橋修建官邸，一方面也是爲了防備黃山的官邸若是遭到轟炸，他還有另一處可以安身。

二十八年秋季，歌樂山雙河橋的官邸完工蓋好，林主席將和　蔣委員長變成鄰居，便率領文武官員去恭賀新居落成。在這次典禮上，有考試院院長戴傳賢，另有張道藩先生等高級官員。林主席在　蔣委員長和夫人的陪同中，參觀過各處的建築後，禁不住誇讚這處新居盡得山林之美，附近又有泉水石洞。遠眺近遊，又有竹林和樹木，實在是人間仙境。

蔣委員長說：「主席，你誇讚它好，究竟好在哪裡呢？」

林主席說：「像黃山的別墅一樣，儘管佔地不大，盡得山林幽美之妙，住在其間，可以說天人合一。」

「那一處最能觀賞到所有景色呢？」蔣委員長又問。

林主席站在四號樓的窗前說：「就是這裡，向窗外一望，歌樂山的遠近風景，盡收眼底。」

「眞的這樣好嗎？」蔣委員長問。

「當然這樣好。我豈能虛讚嗎？」林主席強調說。

「旣然主席說好，我就把這幢樓送給主席，請你笑納。」蔣委員長說。

林主席聽了一愣，笑著說：「今天是府邸啓用的日子，我當然要祝賀讚美，絕無別的意思。這又不是一支鋼筆或一件皮衣，客人讚好，主人便順口相贈。」蔣夫人說：「主席，他旣然說送給你了，你就不必推拒。」

這幢四號樓，是整個官邸的主樓，比別處樓房要寬敞高大，林主席仍然婉謝說：「這怎麼可以呢？」

戴傳賢先生說：「委員長和夫人誠心誠意送給你，你就接受了吧。」

張道藩先生說：「誇一支筆好，主人送你那支筆。誇一件皮衣好，主人送你那件皮衣。誇一幢樓房最好，主人也眞心相贈。主席，依我看，你就把它當作一支筆或一件皮衣，笑著收下好了。」

在這種情形下，林主席只好笑著說：「謝謝委員長和夫人，我高興的愧領了。」

林森先生一生節儉，已成習慣，春夏秋冬皆穿布衣，更不營造華廈。他在雲頂寺畔的住所，爲了提倡戰時節約，外觀和內部擺設同樣簡陋。搬到雙河橋的官邸主樓以後，他深深體會出　蔣委員長修建這幢主樓，就是爲了送他，乃親筆書寫「寸心」兩個大字，署名「青芝老人」，鐫刻在這幢樓後側的石壁上。讀過詩文的人一瞧，便知是藉書法藝術，傳示詩中之意，來表達自己的感念。另一個意思是：「文章千古事，得失寸心知。」此處的「文章」，是指政治上的實錄及記載，表示施政方面的功勞或過錯，只有自己知道，實在慚愧。他和蔣委員長之間，相重如此。

在雙河橋官邸居住三年多，於三十二年五月十日黃昏，離開國民政府，坐車返回官邸途中，經過化龍橋時，司機掌握方向盤，一時失靈，撞到路旁電線桿，車子猛烈搖晃震盪，林主席感到身體不適，回到官邸後，召醫生仔細檢查，並未受傷，便服藥靜養。

五月十二日，有新任加拿大公使晉謁，呈遞國書。林主席要到國民政府去，舉行國家儀式。醫生囑咐他不要行動，宜繼續休養。林主席認爲些微小病，絕不能使國家大事延期，還是要按預定時間出門。剛走到庭院中，忽覺右腳發麻，腿部沉重，行動費力。參軍長呂超急忙上前扶住，勸他不要去。林主席認爲不可失約於友邦大使，還是登車前往。在到達國民政府門前時，才一下車，忽然昏暈欲倒，隨從人員連忙攙扶，到國府內休息，並請醫生檢查，診斷爲腦溢血，血壓高達一九八——八十六。

他在國府內診治一個多月，直到六月二十六日，病情轉穩，才又遷回雙河橋官邸。隨後時輕時重，延至八月一日，神智完全昏迷，於下午七點零四分逝世。正如他自己離京時所說，再也不能回到南京了！那不是讖語，而是有先見之明。

林森主席從十八歲到三十三歲之間，曾五度來到台灣，知道遺民在日本人的壓迫下，深盼早日光復。在他病重期間，蔣委員長幾次到病榻前問候，他還囑咐委員長，在打倒日本軍閥以後，一定要收復台灣。

在他逝世後，當晚十一點三十分，國民黨中央常務委員會召開臨時會議，由居正先生主持，決定選任　蔣中正先生自即日起代理國民政府主席，而林森先生的治喪典禮，定於八月七日上午八時起，舉行家祭和公祭。

國民政府馬上呈報國民黨中央黨部，並電知各省市政府，昭告全國同胞。外交部除了通知各使領館轉知各該國政府外，並電令駐外使節領館，轉報駐在國政府，並昭告僑胞。

國喪期間，全國均下半旗致喪，各國駐華使館也下半旗，表示哀悼。八月七日上午，祭奠林森先生儀式分兩處舉行，一處在雙河橋靈堂、一處是在城內夫子池忠義堂靈堂。祭典極其哀榮，一直延續到下午六點鐘，仍有祭弔者和團體。

同月二十八日，國民政府在他生前最喜愛的石崗子前面，修建林森墓。並將他最後居住的那幢官邸，改為「林森紀念堂」，存列其遺物永作紀念，供後人瞻仰。直到同年十一月十七日（林森墓修建竣工後），國民政府又為林森先生的遺體舉行奉安大典，將他的棺木從官邸大禮堂葬於墓穴之中。為了慰安一代賢哲，又開始修建林森墓園，直到民國三十三年七月二十一日，墓園修建完成。蔣主席又將雙河橋官邸改為「林森陵園」，來此憑弔者把它簡稱為「林園」。歌樂山居民為了感懷林森先生，集資為他塑造銅像，於民國三十五年四月二十一日，在荷花池前舉行銅像揭幕典禮。此時抗戰已經勝利，台灣也已光復，足堪告慰「青芝老人」了。

後記

本篇標題有「星沉」二字，是記載林森先生遷都後的最後數年。從他患病到臨終情況，請參看朱西甯先生著「表率群倫的林子超先生」，其中記述甚詳。

朱先生的「林森傳」，乃民國七十一年六月三十日出版，那時兩岸尚未開放探親，朱先生只能在台灣蒐集資料。他用查考、走訪各種方式，將能找到的都找到了，才寫成那部大書。

如果有不到之處，應由兩岸互相封鎖負責。

民國三十八年，政府遷台期間，有很多歷史資料帶來台灣，也有部份遺留大陸，兩岸各有所缺，正需互補。

七十八年，兩岸開放探親，我得讀西南師範大學出版社發行的「國民政府重慶陪都史」一書，又參照這岸的史料，將我方所缺者補寫下來，心胸爲之一快。歷史本來就是大家的，「舊唐書」後有「新唐書」。

民國八十六年十二月三日發表於青年日報

十一、重慶黃山史話

中國人都知道安徽省有一座黃山，是全國著名的世界級風景區，只有一部分四川人甚至當地方人以及少數外地人才知道，重慶市也有一座黃山，是因爲風景秀麗奇特而興盛，更因爲抗日戰爭發生而進入歷史，將永遠留名於後世。

重慶市的黃山本在郊區，是南泉山脈東部的一座峻嶺，海拔大約五百四十公尺，位置在南山森林區的東面，距離市區有四十華里，在長江的南邊。由於那一地區花草樹林非常茂密，附近山峰頗多，聳立猶如桂林山群，文人們早已送給它們一個雅號：「山城花冠」。在地勢上說，不管從那一個方向朝那邊走，都不容易望見全貌，互相遮擋，又有「南陲屛障」的稱譽。登到這個花冠頂上，向遠處眺望，可以看見嘉陵江和長江交匯的氣勢，還有重慶市的城牆，高矮不齊的房屋，也歷歷在目。在清朝以前，它是四川東部的風景區，每逢夏季都有很多人來此避暑，即使是炎夏，氣溫也不會超過攝氏三十五度，正因爲是一塊福地，才被重慶市販賣布匹的富豪名叫黃雲陔的看中，出鉅資購買下來，又請名匠設計，建成花園別墅，附近的人都叫它黃家花園，由於主人姓黃，這座山才被命名爲黃山。

民國二十六年抗戰發生，國民政府於十月三十日決定，陸續分批遷都重慶。十二月，日軍侵略到南京，施行慘絕人寰的大屠殺。次年，正是日軍十分囂張的時期，我國黨政軍有許多機構暫時設在武漢三鎮，　蔣委員長的指揮總部亦在此地。政府機關是在漢口，蔣委員長居住於武昌，除了時常趕往前線視察外，若到辦公廳處理公務，必須乘輪船渡過大江。

日本的陸軍和空軍一直都在尋覓襲擊　蔣委員長的指揮中心。有一次，他正在武昌思考破敵計畫，突然有二十餘架日本飛機侵襲上空，投下大批的炸彈，轟炸他的住宅和庭園。蔣委員長已進入離住宅約有十公尺的防空洞內，十多名侍衛人員護衛著他。炸彈就投在洞門口處，爆裂聲震動地面。　蔣委員長神情鎮靜，吩咐侍衛人員臥倒，他自己也靠牆平伏在地上。日軍轟炸機離開後，他站起來，發現有數名侍衛人員殉職，屍體炸得血肉模糊，槍枝也掉在離手腕不遠，都在防空洞口左右。

這次事件發生後，侍衛長召集侍衛們研判，雖然不排除是偶然發生，但其可能性實在太小，在「八一四淞滬戰」以後，中國軍隊打了三個多月，使英美各國刮目相看，知道中國軍隊絕不是一堪不擊，乃紛紛和國民政府表示友善，並增派記者採訪消息。　蔣委員長接受過很多外國記者的訪問，極有可能是某一位記者洩漏秘密，告訴日本黑龍會或諜報人員，他們想襲擊的人居住在那裡。儘管也不排除這只是憑空判斷，政府要員也是這樣猜想。從此以後，蔣委員長絕不輕易接見記者。

二十七年年初，最早到達重慶的國民政府人員，已進行爲　蔣委員長的軍事委員會的機構，尋覓建設辦公地點，更籌建他的住處。爲了防範日軍飛機轟炸，策劃安全，侍衛室看上了黃山風景區，向黃雲陔交涉購買。爲了保密，不肯說出眞正用途，黃先生當然不賣。知道是　蔣委員長要在此處理長期擘劃抗日大計後，才答應讓出。政府人員很快請專家匠人設計，爲　蔣委員長修建官邸。

先總統　蔣公的後半生，雖是全國的領袖，但在生活享用上，其衣著、座車、住宅，只講究順乎自然實用，不主張奢侈浮華，他喜歡風景秀美的所在，只要能觀賞到自然樂趣即可，並不要求皇宮式的富麗堂皇。政府人員在黃山爲他興建官邸，便依照他的性格，以配合自然風景爲上。整個的住宅區，共占地約計四百畝，以　蔣委員長的居處雲岫樓和夫人宋美齡的別墅松廳爲核心，周圍再建造醫院、侍衛室、警衛房、勤務房等。

爲了視野遼闊，雲岫樓高立在黃山的主峰，是三層樓的建築物，建材用磚和木料，總面積只有三百二十平方公尺。　蔣委員長的臥室相當寬敞，在二樓的右角，房間的一面設門，其他三面裝寬大玻璃窗，以供主人欣賞景色。由於是居高臨下，可以鳥瞰近山群樹，早霞和落日盡在眼底。再上一層樓，旁邊有一間平房，用柱子撐住樑棟，是　蔣委員長敬奉耶穌，做禮拜的地方，另一側又蓋造一間閣樓，大約十四平方公尺，室內空無一物，三面都有長窗開合，是登高遠望，也是下雨天做健身運動的好所在。最下面的一層爲一樓，是大客廳，接待使節和賓客之處，在軍政緊要時，也兼作會議室。大廳內設有許多雕花板壁，可以視會議的人數多少，隨意拆裝增大或減少面積。

蔣夫人的雅舍松廳，距離雲岫樓約有五百公尺，位於黃山主峰東邊的幽谷中。蔣夫人自幼在美國讀書，又深愛中國文化，松廳也依其喜好，建築成中西合璧的式樣，主房是中式平房，只有三間橫列，一間大，二間小，後面是一座松林，松樹針子長年壓著屋瓦。和風一吹，松葉搖曳，擦響屋頂，特別富有詩意。房前設有走廊，又高大又寬敞。因爲山城多霧，又多逢陰雨，可供雨天散步之用。

在黃山建立官邸期間，國民政府黨政軍各機關，都分別在附近覓地點，蓋辦公廳或住宅，許多原住民都遷往別處去，各國駐華使節也建館在黃山周圍，相互倚傍爲鄰，重慶成爲抗戰時的陪都，黃山成爲陪都的重心。

設計最緊要的，是防備日本空襲的轟炸，距離雲岫樓北方大約八百公尺的山頂上，駐有國軍的高射炮部隊。他們的任務是護衛黃山，更遠處也防守重慶市區。這一座山頭，平常僞裝得好，人們和敵機都不容易發覺。知道的人從遠處望它，黃山在南邊聳立，它是強有力的衛士，卻露出書生模樣。

兵法上說：「虛處實之，實處虛之。」黃山和書生衛士正是一虛一實，虛實相因。書生衛士不在乎轟炸，是虛處，安裝高射炮襲擊日軍飛機，便是實，而雲岫樓是實處，因爲有書生衛士的防護，日軍空襲只去騷擾書生，反而不去襲擊它，盡得實處虛之的奧妙。由於有在武漢時遭受空襲的經驗，黃山這邊又採取實處實之的設計，便是在雲岫樓後側方的山腰處，距離約有五十公尺，建有一座鋼筋水泥的防空洞，深深透入山岩腹部以內，洞裡很大，有彎曲迴轉的路徑，且有休息室，又有會議廳，上面裝有電燈，廳內擺著桌案座椅等設備，即使在空襲時間，軍政會議照舊舉行。這個現代化的防空洞並有兩個洞門，門口裝著鋼鐵柵欄，雖是侍衛人員不得許可，也不能擅自進入。

雲岫樓前方有一座小山坵，脊背拱起，離雲岫樓約有一百多公尺，坵上開鑿了一道防空壕，是掘開岩石而成，壕長大約兩百公尺，深一公尺半，寬兩公尺半，供集合衛隊所用。當然，那些侍衛人員也有防空洞。

武漢三鎮失守以後， 蔣委員長爲了分散日軍兵力，引誘敵人擴大戰場，不惜以身作餌，指揮中心曾由長沙遷到南嶽衡山之上，直到民國二十八年（一九三九年）一月，才按照早已擬定的作戰計畫，遷到重慶的抗戰聖地。國民政府設在國府路， 蔣委員長也在那裡有辦公廳。人們並不曉得在黃山——那一大片綠綠的山林頂上，已變成指揮國軍抗戰的重要地點，在多霧的山城，特別是在晚春到深秋的季節裡，以及炎炎的夏季，重慶市區熱如火爐時，蔣委員長多是以雲岫樓爲處理軍政的地方。政府的文武要員，各國的外交使節，都把黃山看爲中國戰區的指揮中心。

日軍像鷹犬一樣，一直想查出這一個地方。我政府要員卻謹慎保密，不讓外界知道。遠在抗戰以前，考試院院長戴傳賢先生曾赴歐洲考察訪問，當他乘輪船經過紅海時，站在甲板上，望見碧綠色的波浪萬頃，像雪堆一般。他不禁靈機一動，作了一個上聯：

「紅海碧波翻白浪」

在口中吟詠，在心裡構思，想擬出下聯，苦苦不能對出，才發現是個絕聯。爲了徵求下聯，他訪問歐洲及亞洲的華僑社會時，向歡迎他的僑胞說出上聯，並懸出重賞，希望大家對出下聯，贏取獎金。這件雅事直延續到抗戰中期，才遇見一位僑胞來到重慶，詩詞功力甚好，並且遊過安徽省的黃山，寫出下聯是：

「黃山灰雲颳黑風」

戴先生看了這句聯語，眉頭一皺，笑著說：「您對得雖然很貼切，可惜犯了古人所說黃牛對白馬的大忌，也就是對得太呆板。又，上聯的第二字，第四字和末尾一個字，都是三點水旁，而您這句的第二字、第四字和末尾一個字，是屬於三個部首，還要另想別句。」

實際上，戴先生不用他的下聯，是另有原因，有一些話不便說明。任何人修養再高，又具有科學觀念，絕不迷信，但總有避免晦氣的天性，雖聖人亦是如此。「灰雲」和「黑風」，是不吉祥的象徵，戴先生所以不採用他的下聯：是重慶也有一座黃山，與「黃山歸來不看嶽」的那座山，意義上不大相同。那位華僑並不知道。

這個絕聯直到民國三十年，才由蔣緯國先生對出，詳情請見高仕隱著「蔣緯國進乎？退乎？」一書第四十一頁。

民國二十九年七月，南洋僑領陳嘉庚先生回國慰問重慶軍民，朱家驊先生告訴他，蔣委員長請他到黃山吃飯，由朱先生引路前往。陳嘉庚年紀已老，又有記日記的習慣，他唯恐自己一口氣喘不過來，撒手西去，日記落於別人手中，故意將二十九日這一天的路程記錯，寫成往黃山須渡過嘉陵江，再行二十餘里，才到　蔣公別墅。反正自己明白就行。如果日記被日本轟炸人員拿到，按照這個方位去尋找目標，百分之百會炸錯。這位陳先生雖然有點左傾，也和駐重慶的中共人員來往，但對黃山的重要性卻守口如瓶，眞是一個越老智慧越高的有心人。

儘管我國軍民和僑胞十分保密，黃山的機密還是被外國人洩漏了。一個意大利大使在離職回國以後，和日軍第三飛行團的團長遠藤三郎少將交談時，告訴他黃山的地理位置，並且把　蔣委員長官邸的式樣，以及瓦頂的顏色等等，整個說出，等於指示轟炸目標一樣。

八月三十日，　蔣委員長在雲岫樓召開軍事會議，到有各戰區的將領和參謀長。遠藤三郎率領的小川戰鬥隊，出動二百架飛機，在十一時飛離武昌。爲了達到目的，遠藤親自乘中隊長別府的飛機，直接指揮並監督這次任務，認爲狡計一定得逞。

那一天註定有事，天空晴朗，小川戰鬥隊的二十七架轟炸機，負責襲擊黃山最重要的目標，其餘的分批轟炸重慶市區，於下午三時，日軍戰鬥機群到達黃山上空，沒有一點霧氣，俯望度百分之百，大大小小的山峰盡在眼底。

當時日本戰鬥機性能很笨，不向下栽頭俯衝炸不準。當他們在五千五百公尺的天空盤旋，尋找要轟炸的那一點時，盤旋的圈子漸漸縮小，距離北面八百公尺的我方高射炮部隊已瞭望出敵機圖謀不軌，不等他們找準目標，高射炮便開始射擊，火力非常強烈，炮彈不斷在飛機下方很近的空間爆炸，濃煙四起，形成黑白變化的濃霧，其爆炸力之大，把日機駕駛員的臂部和手，都震得離開原來位置，遠藤少將也沒想到北邊會有高射炮群掩護，飛機俯衝已不可能。

由於開炮的聲音和炮彈爆炸的聲音離得太遠，在雲岫樓裡開會的　蔣委員長和高級將領們，根本聽不見，會議照常進行中。

日本飛機不能向下栽頭，再盤繞下去煙霧更濃，遠藤只得下令，在五千多公尺的高空投下炸彈，並且採取全體一齊轟炸的方法，想以席捲黃山的炸彈火力，達到他狠毒的構想。

那些炸彈都在防空洞口附近爆炸，炸死內衛班班長唐偉舜，便衣衛士葉錦標，陳亦民等三人，另有四人受到重傷，爆裂聲傳到雲岫樓中，蔣委員長鎮定如常，高級將領們有的喝茶，有的吃水果，只在爆炸的間歇空間中，走入防空洞，防備下一波的轟炸。

兩天以後，駐在漢口的日軍收聽到　蔣委員長在　國父紀念週上的演講：「因住屋被震，夜雨方知其漏，幾乎無法入眠。以此推想，重慶全市的同胞，其精神與體力的苦痛艱難，更不堪設想了。國民遭受這種艱危，不止一次，而且四年有餘。如此犧牲殉難的人，已經不計其數。他們爲了禦侮而死，心安理得，死後亦能瞑目。而未死的同胞們，尤其是老幼孤寡，顚沛流離，其苦情將難以想像。我講到這裡，心裡念及他們的苦況，也悲痛得無法自止。」遠藤三郎聽到了確是蔣委員長的聲音，遠藤的臉越拉越長，小川戰鬥隊的隊員一個一個垂頭喪氣。

由於我方高射炮部隊護衛有功，炮彈爆炸的威力又強，農夫們便給黃山北面的那座山頭送了一個別號，叫作「大炮頂」。

民國八十三年七月，筆者曾到重慶參觀訪問，看到　蔣公當年另兩處防備空襲的地方。並在重慶買到一本一九九三年出版的「國民政府重慶陪都史」，是張弓和牟之先二位先生主編，這篇文章部分資料便是從這部書中得來。

評賞卷

一、賞析李白詩二首

——根據文學理論對古詩之評價

一

在現代文學理論中，有意識流的創作技巧，深受各國文學雅士們的重視，截至目前爲止，仍屬最新的創作觀念之一。所謂意識流，其立論的基礎，是根據人類的思想活動發祥的。觀察體驗每一個人，不管是誰，只要他醒著的時間，每一分鐘每一秒鐘其思想意識都不斷的在活動，甚至睡著以後，還不斷的作夢，夢境也是思想活動的範圍。

人們在思緒活動時，除非事先或當時嚴加規範，可以依據有順序的軌跡去思考，多數都是胡思亂想。一會兒想到十六歲時害盲腸炎開刀，接著又想到八歲時的夏天，在湖上泛舟。隨後又想到十九歲時的初戀，接著又想到五歲時被鄰居家裡的狗咬一口。又想到二十七歲時拿到碩士文憑，又想到六歲讓母親領著上小學。又想到三十一歲如何如何，又想到十四歲怎樣怎樣。……這樣顛倒錯亂的去想，便給文學作家一個啓示，可以依據它結構作品。小說用這種寫法的如海明威的「雪山盟」，戲劇用這種方法推展劇情的，如電影「男歡女愛」。創作家們所執的理論說，人類的思維活動既然是不按時間先後順序的，用這種型態結構作品，應該是自然的，純眞的，以前習用的平敘法和倒敘法，反而是硬性揑造出來的，匠氣的，不自然的，這當然是強詞奪理的說法。

意識流這種創作觀念，在西洋發源，由形成到理論的建立，都比我國爲晚。不過，我國把這種創作法不叫意識流，而叫參差法。

用這種方法創作的人，不管是小說或戲劇，呈現給讀者和觀衆的作品，是顚倒錯亂的，但它必須具備一個條件，就是讓讀者或觀衆看完整個作品後，根據這個條件，能整理出故事發展的先後順序來，把整個故事瞭解了，然後才能洞悉作者的思想是什麼，從而瞭解整個的作品。

請看李白的一首詩，其作法便是根據意識流也就是參差法寫成的。抄錄在下面：

贈錢徵君少陽

白玉一杯酒　綠楊三月時
春風餘幾日　兩鬢各成絲
秉燭唯須飲　投竿也未遲
如逢渭川獵　猶可帝王師

（作者附註：凡讀書人經過朝廷徵聘者，叫作徵士，更美的尊稱就叫徵君。）

本來，按照一般詩的解法，必須逐字逐句去詳悉，第一句體會清楚了，再去思考第二句。第二句弄明白了，再去想第三句。按照這個順序下去，是第四句接著三句，第五句接著第四句。六句接五句，七句接六句，八句接七句，一成不變的這樣研究下來，必可瞭解整首詩的意思。但這只是用平敘法寫出來的詩的解法。而李白的這首詩便不可用這種方法解，若逐字逐句去解釋，中間會有一些地方搞不通。

由於他是用參差法寫的，在看完整首後，必須先整理出思想的順序，然後才能解通這首詩。這叫破解，不是順解。

首先，要把第五句「秉燭唯須飲」拆開，把「秉燭」兩個字移到這首詩的最前面，意思就容易明白了。現在把前半首的意思解析如下：

點好蠟燭，倒好了（一人一杯）酒，酒的顏色跟玉一樣，是白中透黃的。時節正逢三月，楊柳的葉子已變成深綠色，颳春風的日子剩不下幾天了。在這種時節，有種傷春的情緒，感到生命中又少去一個春天，所以必須喝酒（請注意：第五句的「唯須飲」接二、三兩句。）澆愁。

詩人的鬢髮已像絲線一樣發白了，錢徵君的鬢髮也發白了。彼此都到了中年以後，剩下的健康日子已經不多，油然而生出生命將逝的情緒，在這種心情下，必須喝酒（請注意：第五句的「唯須飲」，跳過秉燭兩個字，接在第四句後面。）消除煩悶。

以上五句解釋清楚了，再看後面三句，也要先整理出順序來，才能解析。要把第六句放在第七句和第八句中間，成爲「如逢渭川獵，投竿也未遲，猶可帝王師」這樣的形式，才能解。六、七、八、三句的順序排列好以後，可以看出錢徵君雖然蒙朝廷徵召過，還是個隱士，但他仍有想服務政治，替國家做一番事業的抱負。故後面三句詩，是詩人安慰錢徵君的話。解析如下：

假如像姜子牙遇見周文王巡獵渭水，恭請他那樣，當今天子親自來聘請你，或派人來邀請你，放下釣竿（象徵隱士生活）也不晚，還可以輔佐帝王治理天下哩。（如有人解釋爲還可以做帝王的老師，也未嘗不可，只是太生硬了一點。）

明白了整首詩的意思，再談它的作法。律詩的規定是：三四兩句要對偶，五六兩句要對偶，一二兩句及七八兩句必須是散句。但這首詩在詩人醞釀成熟後，變成一二兩句是對偶，三四兩句成散句。五六兩句雖仍是對偶，卻非常奇妙，把不相關聯，不能放在一起解釋的兩句詩，用對偶聯繫在一起，成爲整首詩的結構關鍵，使得用參差法寫的這首詩，結合得天衣無縫，顯得並不鬆散。

還有一點值得讚賞的，是一般律詩，不管是五言律還是七言律，都是前四句是一解，後四句是一解。而李白的這首「贈錢徵君少陽」，卻是前五句作一解，後三句作一解，在章法上奇特極了。

如果不曉得這首詩是用參差法寫出，硬要像平敘法寫的詩一樣，逐字逐句接連去解，到了第五句，會解釋不通的。「秉燭唯須飲」，意思是：點上了蠟燭就必須喝酒。請問，點蠟燭能算是必須喝酒的理由嗎？若連上第六句「投竿也未遲」，解釋爲：剛才酒雖倒好了，因爲天黑，我李白看不見，怕把酒喝到鼻孔裡，把菜吃到眼睛裡，現在點上蠟燭，能看得清楚了，就非喝酒不可。你快放下釣魚竿子來喝還不遲，要是再晚一會兒，酒被我喝光了，菜也被我吃完了，那就對不起你啦。這樣一解，就太浮淺，變成詩人在開玩笑，搶吃搶喝了。如果有人眞這樣解釋，筆者也不敢反對，就算李白當初是寫一個笑話好了。

二

現代的文學理論中，還有一種多線式的技巧已經確立，不僅被理論家和批評家肯定了價值，更爲某些前進的小說家和戲劇家所喜愛，創作出嶄新的作品。

它的根源起自小說作法中的單線式，複合式和串珠式，被人寫得多了，用得久了，便有陳臼的感覺。前衛的小說家們就另闢蹊徑，演變出最新的創作技巧多線式來。

所謂單線式，是只有一個故事或一個事件向前進展的小說。複合式是小說的開始爲單線發展，到了中間，忽然「話分兩頭，各爭一枝」，一邊寫四川重慶，一邊寫浙江杭州，然後再寫重慶，接著再寫杭州，如此進展了幾個段落，又歸並成一條線路，向後結束，如「醒世姻緣」便是。串珠法是故事很多，卻成單線發展，即作者寫完一個故事，再轉入另一個故事，告一段落以後，又轉入另一個故事。這種寫法，我國的長篇小說用得很多，如「水滸傳」「儒林外史」都是。所以叫串珠式，是把每一個故事比擬做一顆珠子，用一條線索串聯起來，像和尚的念珠一樣。

而多線式，是有兩個以上的故事同時向後發展，如德國的小說家雷馬克寫的「流亡曲」，美國的電影「百戰狂獅」等，都是用這種寫法創作出來的上乘作品。

多線式的理論雖是晚近的，最新的，但研讀古人的作品，可以發現早就有了。請看李白的另一首詩：

宣城還見杜鵑花

蜀國曾聞子規鳥　宣城還見杜鵑花
一叫一回腸一斷　三春三月憶三巴

這首詩也不能像一般詩那樣，第二句接第一句，第三句接第二句解，第四句接第三句解，若這樣去解釋，也會弄不通順。必須第三句接在第一句後面，成爲「蜀國曾聞子規鳥，一叫一回腸一斷」，第四句接在第二句後面，變成「宣城還見杜鵑花，三春三月憶三巴」，才能把整首詩意解釋清楚。

它的意思是說，詩人住在蜀地的時節，聽見子規鳥的叫聲，使他想回到宣城去，因思念宣城太深，那鳥叫聲每聽見一聲，都使他腸子斷一回。等他回到宣城來了，正是春天三月，景色最好的時候，看見杜鵑花盛開，卻又回憶起三巴——也就是蜀地——來了。（按：三國時，劉章治理蜀地，設立巴郡，又在巴郡以東設立一郡，叫巴東郡。後又在巴郡以西設立一郡，叫巴西郡。後人總稱三巴。李白以三巴代替蜀國，用的是代喻格。）

同樣是顛倒錯亂，要整理出順序來才能解，這首詩的作法卻跟上面那首迥異。因它用的是多線式，即兩條線路同時向後進展，斷斷不是用參差法。

第一句「蜀國曾聞子規鳥」是一起。

第二句「宣城還見杜鵑花」又是一起。

第三句「一叫一回腸一斷」是一結，用以結束第一句。

第四句「三春三月憶三巴」是另一結，用以結束第二句。

這是雙起雙結的作法，在前人的詩中，是很少見的。

還有一點頗堪玩味，是這首七言絕句的前兩句是對偶，後兩句也是對偶。本來這種寫法，在唐人的作品中，並不少見。但把它像後面那樣排列，就覺得是稀罕了。請看：

蜀國曾聞子規鳥一叫一回腸一斷

宣城還見杜鵑花三春三月憶三巴

不但意思清楚明白，連起來又成兩付工整的對偶。李白這樣挖空心思去作詩，難怪後人把他尊之爲詩仙了。

有讀者認爲這首詩是懷念故鄉，說宣城又不是李白的故鄉，他聽見子規鳥的叫聲，回到宣城做什麼？也有前人持另一種見解，李白在宣城看見杜鵑花，聯想起杜鵑鳥（即子規鳥）的叫聲，因此想回到故鄉去。

其實，這首詩的主旨，是寫人到了甲地，便懷念乙地，到了乙地，又懷念丙地或甲地，想回到那些居住很久產生感情的地方去。

古人如此，居住過很多地方。尤其是現代人，生長於大陸，遷徙到台灣，又到美國留學加上教學十數年，後來又移民加拿大，乃有第二故鄉，第三故鄉，第四故鄉的思念。

在河洛出版社的「李太白全集」中，不僅載有李白年譜，說他是蜀地綿州人，並從詩文中看，李白晚年至少有七年，居住和往來宣城很多次，結交過宇文宣城太守，趙悅宣城太守等，對該地感情甚深。所以在蜀國聽見子規鳥的叫聲，離他的故鄉那樣近，他不回到綿州，而來到宣城，是感情的也是生活上的關係。

詩是從生活中誕生，也應該以古今人類的共同生活經驗來解詩。只持偏狹觀念解讀的人，就太對不起作者了。

二、「石壕吏」的反戰思想

〈石壕吏〉 杜甫

暮投石壕村　有吏夜捉人　老翁踰牆走　老婦出門看
吏呼一何怒　婦啼一何苦　聽婦前致詞　三男鄴城戍
一男附書至　二男新戰死　存者且偷生　死者長已矣
室中更無人　惟有乳下孫　孫有母未去　出入無完裙
老嫗力雖衰　請從吏夜歸　急應河陽役　猶得備晨炊
夜久語聲絕　如聞泣幽咽　天明登前途　獨與老翁別

這是一篇五言體的古詩，也是一篇含有反戰思想的短篇小說。時間上只有一夜，敘述一個悲慘的故事，所以可以稱它爲五言體的短篇小說。文字非常淺顯，幾乎接近白話文，稍具文學素養的人都看得懂。但它的含蓄處，以及語句中的細膩情節，卻被很多代人曲解誤傳了。

在我讀小學五年級時，教國文的王老師給我們作夜間補習，講解過這首詩。其中的「一男附書至，二男新戰死」，他是這樣講解的：

「這兩句有三種講法。第一種解法是，一男是指排行第一的男丁也就是大兒子，託人帶來的家信上說，排行第二的男丁也就是二兒子，在鄴城那邊最近的一場戰役中陣亡了。第二種解釋是：大兒子託人帶來的信上說，在最近的一場戰役中，另外兩個男丁也就是他的兩個弟弟死掉了。第三種解釋是，其中一個兒子託人帶信回來說，另外兩個兒子在最近一場作戰中死掉了，並沒有指定是老大老二還是老三。語意是有點含糊的。」

我聽王老師講解時，是民國三十三年，我的年齡是十一歲，王老師是三十多歲。他多半是民國以前出生的人，是在私塾中聽他的老師也是我的祖師爺講解的。那位祖師爺又準是清朝時期的秀才。而祖師爺的老師，更是清朝時代的人也是位秀才以上的有學問的人士了。再追續推演上去，一代傳一代，都是一貫傳留下來的三種講法。

在「老師引進門，修行在個人」的大原則下，我很感謝我的恩師和各代各輩的祖師爺，把我領進門，使我深深的愛上讀古詩，唐詩和宋詩宋詞等古典文學。也使我經過仔細的思索質疑和探討，覺得以上的三種解法，統統不夠細緻，也統統講錯了。這是我來到臺灣以後，年齡到達三十多歲時思悟出來的。

學問是大家的，如果在學術上有一得之見，不公開出來，是對不起師長也對不起各位讀者的。

我覺得最正確的解釋是：一個兒子（不是老二便是老三）託人帶信回來說，大兒子或是二兒子，也可能是大兒子和三兒子，在鄴城那邊的最近一場戰禍中死掉了。在兩個死者當中，一定包括大兒子在內，才算對。

為什麼必須這樣解釋呢？

從我國家庭倫理的觀念上看，再從後面「室中更無人，惟有乳下孫，孫有母未去，出入無完裙」四句詩中看，我們可以深深體會出來。在儒家思想傳統倫理觀念中，最先結婚的必定是大兒子，其次才輪到二兒子，再其次才輪到三兒子的婚配。而在大兒子結婚以後，便被捉到前線當兵打仗，信中說到他已經戰死了。

「孫有母未去」的「去」字非常重要，兒媳婦知道她的丈夫已經陣亡了，加上「出入無完裙」——穿的是破裙子，證明家境相當貧窮，絕不富裕，由於有個仍在吃奶的嬰兒，才不肯另嫁他人或逃家私奔。母子情深，是人的天性，也是人類一代傳一代，未被戰爭全部滅亡的主要原因。

前文曾寫出「老翁踰墻走，老婦出門看」。老頭子既然能夠爬牆頭跑掉，可見他的體力比老嬷嬷要強，尚可以留下來種田做工。把收割的糧食大部分繳給公家做軍糧，剩下的還可以養活兒媳婦和孫子，這也是人類不被戰爭全數殺光的原因。

這首古詩還有一處地方也要作細膩的詳析，才能顯示出它的闊度和深沉的張力。那就是：

夜久語聲絕　如聞泣幽咽

老嬤嬤要隨著捉兵的酷吏到河陽下伙房燒飯去，臨行以前總要收拾一下行李，多帶一兩件換洗的衣服。更要緊的，是趁這段時間，囑咐自己的兒媳婦，快抱著孫子到鄰居（所有的男丁不分老壯，都去作戰，只有女人守家的）家中暫住一宵，等到天亮以後，再抱著孫子回娘家去吧。因爲老嬤嬤走後，留著孤兒寡母在家，等到老翁也就是她的公公回來，和兒媳婦住在一起，會引起風言風語，造出八卦新聞的。更何況家中還住著一位投宿的客人？而這位客人借住的房間就是二兒子和三兒子留下的空屋。這些也是根據固有的倫理道德觀念思考出來的。如果兒媳婦就是石壕村中人氏，當夜便在哭泣一陣以後，抱著嬰兒回娘家了。所以在末尾兩句接著寫：「天明登前途，獨與老翁別。」這一個「獨」字用得恰到好處。證明已經看不見老嫗和那位抱著吃奶嬰兒的少婦了。

本來是平安幸福的一家七口人，在一場長久的戰亂中，死的死了，走的走了，活著的也都分散在鄴城，河陽的石壕村等地方，是多麼可憐啊！

戰爭、戰爭、戰爭，你的名字就叫殘忍和殺戮！外號就叫流無辜老百姓的血和死亡！從〈石壕吏〉這首詩中，我們可以深深體會出這一點。

附帶要說明的，杜甫這首詩，可以看作第一人稱：「我暮投石壕村」，也可以看成第三人稱：「他暮投石壕村」。大家多半都當作第一人稱解讀，即使如此，可以認爲是杜甫本人投宿在這戶人家，親身經歷的事。亦可以認爲是杜甫聽別人講出來的事。

為什麼不把投宿的客人捉走？須知他持有通關牒文或通行證明，在投入民宿時間，已向地方官吏辦理過登記手續。

有位古人解此詩，認為是住在旅館裡聽到的，可以是可以，等到天明以後，再向老翁單獨告別，就太牽強了。總不如就住在這戶人家內，來得自然又貼切。這就涉及第一手資料和第二手資料等問題。

寫文章必須有主題，凡主題以外的文字，都不必寫。好文章講究的是不可以多一句，也不可以少一句。「石壕吏」這首詩，做到了這一點。

三、賞析「雁門太守行」

黑雲壓城城欲摧　甲光向日金鱗開
角聲滿天秋色裡　塞上臙脂凝夜紫
半捲紅旗臨易水　霜重鼓寒聲不起
報君黃金台上意　提攜玉龍爲君死

——〈雁門太守行〉，李賀

以上是唐朝詩人李賀所作的一首樂府詩，見於《李賀詩選》中，這部選集對每一首詩都加以詳註和解釋，以供後學者能夠欣賞。

我讀了以後，對「黑雲壓城」和「塞上臙脂」兩句的註解另有看法。原書是藉「象徵」和「典故」來剖析這兩句詩，也就是往深處鑽研，弄得讀者一頭霧水，陷入迷茫，原詩句仍是原詩句，有些含蓄處並沒有解釋透徹。

經過筆者仔細推敲和思考，我覺得用中外古今人類的共同生活經驗來解釋這兩個佳句，再佐以前朝文學評論家的理論來證明，反而更容易明白。現在賞析如下：

雁門的太守帶領軍隊出發的時候，有黑雲重重的壓在城上，其濃密的態勢要把城牆壓崩壓榻的樣子。根據人類共同的生活經驗，這是顯示正要下大雨甚至正在下大雨，不管天候多麼惡劣，部隊必須冒雨前進，可見有極重要的任務。

妙的是第二句「甲光向日金鱗開」，明明是晴天，怎會下雨呢？使原書解釋有疑點出在這裡，使第一句解釋出問題也出在這裡。其實這一句和上句中間是含蓄的，有著時間的變化，空間的變化，最要緊的是天候的變化。我們仍依據人類的共同生活經驗來體會，它和第一句連貫下來看，意思是說，軍隊走了一段路程以後，天又轉晴了，太陽光照著太守和將士們身上穿的甲冑的鱗片，閃閃發光。

爲了連絡信號，吹起牛角（也可能是羊角），聲音非常響亮，充塞飄揚在滿是秋色的天空裡。

第四句的「臙脂」是泛指所有的紅顏色的景物。詩意是說，走到黃昏以後，天漸漸黑了，因爲有月光和星光照著，仍有微弱的能見度。凡是頭盔上的紅纓，槍上的紅纓，紅色的旗幟，軍士們束在腰間的紅帶，樹上的楓葉和紅土的山坵等等，跟夜色混合著，模模糊糊，看上去彷彿都變成紫色。

到了易水附近，風颳得很大，將紅色的旗幟吹得半捲在旗桿上。

夜間霜氣又很重，蒙住了鼓面，使鼓面潮濕，擊鼓的聲音不像白晝那樣響亮。而擊鼓的意思，是暗示遇見了敵軍或者接近了敵營，擂起戰鼓向前衝殺。

爲了報答君王建築黃金台（註）的美意，往寬處解，便是食君厚祿，當報王恩，太守提著寶劍（即玉龍），將士們揮舞別的武器，和敵人拚殺，即使戰死也在所不惜！

整個一首詩解釋清楚了，是寫在邊塞之上，從出發到夜戰的各種歷程狀態和時間的轉變。現在再用文學理論來印證第一句和第二句中間的疑點。

清朝有一位文學批評家金聖歎老先生，他在「聖歎外書」第六才子書《西廂記》——〈借廂〉一折中說：「用筆而其筆到，則用一筆，斯一筆到，再用一筆，斯一筆又到，因而用十百千乃至萬筆，斯萬筆並到。如先生是眞用筆人也。若夫用筆而筆之前，筆之後，不用筆處無處不到……」

這一段話的意思是說：「寫文章要寫得準確精妙。每寫一句，一句準確精妙，再寫一句，這一句又準確精妙，因此寫十句百句千句甚至萬句，這一萬句都準確精妙，像先生（指《西廂記》作者王實甫）是眞會寫文章的人啊。又如果寫文章，而在寫下的文句的前面，或者在寫下的文句後面，沒有寫的地方，也沒有一處不寫到了，這便是含蓄的地方，這是更好的文章。

像「黑雲壓城城欲摧，甲光向日金鱗開」兩句中間，曾下過一場大雨，詩人李賀沒有著墨去寫，其實已暗示出來。這是它的含蓄處，也正是一般讀者不容易明白的地方，所以筆者用生活的經驗予以點示出來，才不辜負詩人當年作這首詩的苦辛。

又，這首詩的第七句，還有一個創作的特點，那就是句法上的更新。按照七言詩的成規，有一個極大的約束，就是必須用「上四下三」的句法，吟哦起來才順口，才合乎七言的旋律。而這句「報君黃金台上意」，如果讀成「上四下三」的句法，會讀不通順，因爲「黃金台」是一個名詞，你若是吟成，報君黃金」（上四）「台上意」（下三），把名詞給吟斷了，會覺得非常彆扭。必須吟成「上二下五」的句法才合適。也就是吟成「報君」（上二）「黃金台上意」（下五），不但意思清楚明白，吟哦的聲調也順暢多了。這是他句法上的創意。

在唐朝的詩人中，李賀被後世的讀書人評爲小詩人。因爲他的壽命很短，只活了二十多歲，作的詩很少。如果天假以年，讓他活到六十來歲，也許唐朝的大詩人中，又添加一位李賀了。

天妒英才，欣賞了李賀的這首詩，不由得散發出這一聲長嘆！

（註）黃金台：清《一統志》：「燕昭王於易水東南，築黃金台，延天下士。後人慕其好賢之名，亦築台於此，爲燕京八景之一。」位在河北省大興縣東南方。

四、賞析王昇先生「詩三首」

今年欣逢暖春，天氣一直晴明。三月一日的「青年副刊」上，開始連載拙作「我在軍中長成大樹」。就在這一天的副刊版面左上方，頂著格子也是頂著日期刊出一個闢欄，標題爲「詩三首」，又有一行簽名標題字，寫的是「王昇學詩」，吸引了我的注意力。

沒看自己那篇塗鴉，卻先把那三首七言絕句讀完，心中湧現許多感慨，也帶著一些淡淡的感傷。

王昇先生字化行，是上將軍，時人皆以王化公稱呼他，表示欽敬。他對國家社會貢獻很大，在任國防部總政治部執行官到主任期間，推行軍中新文藝運動，並且創辦「國軍文藝金像獎」，提高三軍士氣，增強戰力，更進而增加社會的和諧安定。與我年齡層次接近的同袍和後進，在他公餘之暇，揮灑書法或欣賞藝術作品時，都稱呼他王老師，也以師禮侍奉他。想不到他以八十多高齡，發表詩章，竟自己標題爲「學詩」，可見平時爲人的謙虛。

這三首詩，按照發表的順序，排在最前面的爲「投筆從戎述志」，排在最後面的是「返鄉掃墓記情」。若是論創作的先後順序的話，應該是排在中間的「讀史抒懷」爲最早。根據尼洛著的《險夷原不滯胸中——王昇傳》中記載，王先生是在民國二十八年開始，就參加抗日戰爭了，他先投考中央軍官學校第三分校，受訓期滿後，本想到部隊裡當排長衝鋒殺敵。但在分發時又經過一次考試，被遴選到赤珠嶺去受訓，進入三民主義青年團幹部訓練班，畢業後服務一段期間，成績優秀。於民國三十年時，他又到馬家寺中央訓練團青年幹訓班去受訓（詳細情節請看《王昇傳》）。在往學校報到時，一路上研究史書，路經遵義，又值中秋月夜，他一個人在林間散步，因爲感觸甚多，遂口占七絕一首。這首詩便是「讀史抒懷」。

要想領會這三首詩的內涵，先要體會詩人的大半生。從民國二十八年到九十年返鄉掃墓，長長的六十二年，超過一個甲子，更超過半個世紀，從青春到白頭，詩人都在干戈戎馬中度過。這中間故人的凋零，家園的淪落，世界的變化，尤其是國勢的盛衰，由海棠葉變成老母雞，以及個人隨著政府的遷徙，孤帆一葉，撐起陰霾的天空，眞不知變化有多大？感傷又有多少？每一次變化，都是生命的轉折點，也是歷史的轉捩點。而他中間的那首詩，又正是「讀史抒懷」。史，史，史！史是什麼呢？是時間和空間在人力物力的推動消長下產生的演變呀！詩人把最早作的這首詩排在中間，橫搭成前後兩首詩的橋樑，眞是不必再著一些墨，再費幾個字，便把這六十多年的戰亂流離，國土變化，都暗示出來了。

在沒分析王先生的三首詩以前，筆者先要談一談對近體詩的觀念。

唐朝的時候創辦科舉制度，猶恐野有遺才，又以詩取仕，才定下七言絕句、五言絕句、七言律詩、五言律詩的各種格律，一要切合平仄，二要合轍押韻，三要講究對偶工整。想走向仕途，服務人民，不先在讀書作詩時修養身心，約束自己，能做到禮義之邦嗎？這是學習和治世融爲一體的理念。唐人的近體詩就是這樣產生的，漸吟漸廣，達到了約定俗成。讀書人爲了開拓人生、施展抱負，便謹守這些規格作詩。加上官方和民間創辦的塾館，講授推動，高聲吟誦，無形中變成了傳播媒體。而歌台舞榭、茶館酒樓的歌妓們，也吟詠高歌，蔚爲風潮，對後世的影響極遠大。

詩要博大，又要精深。如果所有的詩人都按照那些格律去作詩，不管是五言體還是七言體，都拘束在那些規範和模式裡，便會慢慢僵化，提早吟到詩的衰竭。有很多詩人，包括李白、杜甫、岑參、李商隱、白居易等等，便打破格律，寫出一些不合格律的絕句和律詩。這種突破，是爲了達到「博大」而興起的，再研究那些詩的內容，又新鮮又很有價值，值得流傳後世，因爲它們的內容是「精深」的。假使不予以突破，有很多好詩將胎死在詩人們的腹中，唐朝的文學也就「博大」不起來了。

宋朝流行長短句的詞，近體詩並沒有減少，可以說是詩和詞並行於世，所謂的唐宋文化，詩詞是其中的精華。元、明、清下來，一直到了民國（註），科舉廢除了。尤其在清朝的統治下，語言有了天大的改變。延伸到今天，兩岸推行的普通話，仍是以清朝的北京話爲標準的，跟中原古音有很大的差異。寫作近體詩，便處在各種迷困中間，不知是從於古好還是從於今好。再說，科舉廢除以後，吟詠近體詩或者寫作近體詩，還不如到廟裡敲木魚唸經，敲木魚唸經至少可以賺一碗粥喝，唸詩作詩連一碗粥也換不到。清朝以前的太學和私塾又消逝了，不再有高聲朗讀的「傳播媒體」，歌廳舞廳裡唱的又都是搖滾樂曲，所以現代人受近體詩影響寫的近體詩，更可以走向「博大」，只要詩好，內容「精深」，受那些平仄、對偶和韻腳的限制可以，不受那些限制也可以，統統應該屬於近體詩。

這裡必須補充說明，從中學到大學的課堂上，老師和教授對學生們講到唐人的近體詩時，必須講授近體詩的限制，因爲那是詩之本。對學生講的，並不能約束詩人寫詩一定要那樣寫。只要詩好，是不必受那些限制的。

現在，請先欣賞王先生作爲三首詩的中間橋樑的第二首詩：

讀史抒懷

史篇讀罷意闌珊　昂首蒼冥星斗寒
千古忠貞齊被妒　好教志士淚難乾

（註：當年考取中央幹部學校研究部第一期，向學校報到時，途中勤研史書，路經遵義，同學們正歡笑作樂，余則獨步林間，口占七絕一首。）

放下了書，爲什麼會意興闌珊、悶悶不樂呢？讀書人的抱負是希望國家富強，人民安居樂業，享受永久和平的。而史書裡記載的那些往事，都是離這個願望很遠，差距極大的。詩人便不由得仰起臉來問天，世間爲什麼這樣不公道呢？老天爺是不會回答的，所能看到的只是滿天星斗閃著寒光罷了。

要問的那句話，可能自語式的說出口，也可能只在心裡暗想。但第三句便直接的寫出來，是幾千年以來，直到民國，凡是忠貞的臣子，正義之士，都遭受到嫉妒和陷害，使他們的抱負不得施展，人們便一直生活在艱難困苦當中，得不到和平安寧，更遑論幸福了。想到這裡，詩人便忍不住流下眼淚，又想到自己也是抱著扭轉乾坤，重建國家的壯志，才毅然從軍的。不知我的意願能不能實現……。想到這裡，眼淚又忍不住掉下來，很難擦乾淨了。

我個人覺得詩是靈活的文章，不能按字面解釋得太呆板。淚在詩中常常是悲傷或悲憤的象徵。詩人當時也許並沒有流淚，只是充滿抑鬱和悲憤罷了。

因此，這裡的「好教志士」語氣很大，又可延伸開來作廣泛的解釋，有很多志士流下眼淚，有很多志士感到抑悶悲憤。這樣的解讀才更靈活，何況史書裡更記載許多仁人志士的悲憤下場呢？

再看第一首：

投筆從戎述志

讀書未竟蘇洵志　別闈難爲張敞心

一寸山河一寸血　肺腑深處話從軍

（註：當年響應蔣委員長號召「一寸山河一寸血，十萬青年十萬軍。」投筆從戎時之舊

作。）

根據尼洛著的《王昇傳》中記載，王先生到中央幹部學校研究部第一期去受訓，地點在復興關，於民國三十三年底畢業以前，正值政府號召青年從軍，到處貼著「一寸山河一寸血，十萬青年十萬軍」的標語。王先生經過幾個整夜的思考，才在從軍簽名簿上簽了自己的名字，名次是五十二號。

王先生原先的心意，想畢業後留在復興關服務。那裡有一個圖書館，他發憤要用至少五、六年的時間，埋首在圖書館中，作有計畫的研讀。而這種原有的心意，就是他對第二次從軍遲疑的原因。（筆者註：在抗戰時期，一座像樣的圖書館，是很難找得到的。）

了解了這些生活的情形，我們再來欣賞這一首詩：詩人說：我像蘇老泉那樣發憤讀書，卻未能完成讀書的計畫和心願，就改換志向了。所以未能竟學，不是自己意志不堅，是因爲國家處在危急存亡的關頭，號召青年們到火線上去拚命殺敵啊！

別闈的闈字，可作兩種解釋，一是家庭的門檻，一是內室，再加上張敞書眉的典故，就是夫妻的感情了。

詩人說：在蔣委員長的號召下，那麼多的青年同袍都告別父母，走出家門，那些結過婚的，也拋去夫妻的恩愛，要到火線上去殺敵救國了！我要跟他們一樣，加入戰鬥的行列，到前線上去啊！

辭別父母很難，要把不能在堂前盡孝的原因，講得很委婉。告別妻子也難，必須把從軍的道理說清楚講明白。而這些話都是從肺腑深處發出的。對妻子應該說什麼話呢？第四句短短的七個字，就抵得上一篇林覺民告意映卿卿的千言書。對妻子說的，就是那些話呀！

第一句，按照詩人自己的境遇，是作上述的解釋。若是延伸開來，還可以解釋爲：敵人殺來了，要鯨吞我們的國土，我們不能再守著書本，讀到大學畢業，或者拿到碩士文憑和博士學位了。

第三句「一寸山河一寸血」，是這首詩的大關照處，引領全篇。而第四句的「話」字，是最精深處。要是作靈活的細解，包括古往今來。凡是辭別家園去保衛國土的仁人志士對親人講的話，都涵蓋在內。連同當時那些簽過名的與尚未簽名的人，互相勉勵的言語也在其中。那些話有千千萬萬句，是數不清的。它的精深就在此。

現在，再請各位看看第三首：

返鄉掃墓記情

回鄉掃墓淚滿襟　祭祀何須論假眞
不敢墓前訴家事　九泉猶恐累親心

（註：年前返鄉掃墓，發現祖塋早被剷平，眼前所祭祀者乃假墓耳。）

回到家鄉去給親人掃墓，明明知道墓是假的，眼淚還是流下來，濕了衣襟。祭祀是憑著心靈的感應，祭奠父母和祖先的靈魂，何必在乎墳墓是眞是假呢？但在祭拜的時候，有很多事是不敢傾訴出來。那些家事都是不如意的，唯恐在九泉之下的親人知道了，爲我操心受累啊！

這首詩的關鍵在第二句的「假眞」兩個字，對著假墓而流淚，不敢說出不如意的事，寓意深遠，乃見出祭祀時的眞情。

詩人寫此詩流露出的景況，也可以告慰那些幾十年來作海天遙寄的人了。

以上三首詩，「投筆從戎述志」的第三句，和「讀史抒懷」的第四句，跟尼洛著的《王昇傳》中略有不同。可以體認得出，詩人在發表以前，又經過一番推敲，才算定稿的。至於原來的詩句是什麼，請讀者參閱「王昇傳」，這裡不再引述。

我們都知道，中國的文人都注重詩、書、畫，三者之中有一樣擅長，就堪以自慰。歷代的文人在作詩、畫畫兒和書法中，都追求最高境界。有了風格就是美，而最難達到的風格就是流露出書卷氣。

有一些先賢寫的詩、畫的畫兒，或者是書法作品，流傳下來，也很有美感，但禁不起細看。因爲那種美感是任性發揮的。無所本，又不能見出眞才學，鑑賞者就笑著品評說：「充滿了江湖氣」。

我們再看看王先生寫的這三首詩，不管是抒情還是議論，都具有高度的美感，而這種美感是屬於書卷氣的，也是最難達到的最高境界。

筆者平生最喜歡讀詩，又最喜歡讀將軍詩。岳武穆的滿江紅，和他的書法，都是豪邁中具有書卷氣的。王先生這三首詩中的前兩首，也富有豪邁的氣象。他是將軍，又是上將軍，應該有「昂首蒼冥」氣呑「星斗」，斬斷「寒」光的豪氣！

筆者更應該強調一點，詩人把最先作的一首詩，橫搭在第一首和第三首中間，也是有深遠的意思的。他在作這首詩時，「千古忠貞齊被妒」的意義，指的是中國歷史上的雲煙古事。有意這麼一橫搭，在於暗示所有的讀者，從「投筆從戎述志」起，到「返鄉掃墓記情」止，這中間共經過五十七年的歲月，若從近代史上看，中國又有了史無前例的大轉變，「千古忠貞齊被妒」一句，不僅指某一類的中國人，更重要的，也是指那些別具肝腸的外國人，嫉妒忠貞，嚴重的影響到中國的歷史。這是必須言明的。

欣賞園林風景，中國的建築美學中，有借景的一法，把遠處的一景，也許是寶塔，也許是兩座山峰，變成自己設計的建築物景致的一部分。同樣的，詩人在寫第一首詩時，也用了借句法，借用的這一句便是「一寸山河一寸血」，使全詩都有了未盡之意，眞是借得好借得妙。而三首詩連貫起來看，既是詩人自己的經歷，也是同一時代人共同的經歷，通篇都成了史詩。

註：清朝科舉考試規定，寫近體詩要用清朝頒布的「佩文詩韻」。民國建立以後，又倡導寫詩用「中華新韻」。兩者在平仄和韻腳上，和唐人所提倡的近體詩「平水韻」變化頗大。

五、玩味崔顥「黃鶴樓」

昔人已乘黃鶴去　此地空餘黃鶴樓
黃鶴一去不復返　白雲千載空悠悠
晴川歷歷漢陽樹　芳草萋萋鸚鵡洲
日暮鄉關何處是　煙波江上使人愁

崔顥老先生的這首七言律詩，被愛詩人認爲是千古絕唱之一，至今仍鐫刻在武漢新建的黃鶴樓外圍的墻壁上。

我沒遊黃鶴樓以前酷愛這首詩，遊過黃鶴樓以後，更喜歡這首詩了。

也許是天地巧作安排，崔顥先登上唐朝時的黃鶴樓，遊了幾次留戀了多久，沒有人知道，乃題下這首詩在那座樓的白壁上。又不知過了幾年，李白老先生後登上這座樓，看到了崔顥的題詩。李白是一位灑脫的人，覺得崔顥的詩寫得太好了，便留下一首詩讚美它，也寫在白壁上，是首七言絕句，末兩句是：

眼前有景道不得
崔顥題詩在上頭

太白公後來被推崇爲詩仙，經他讚揚的詩，當然更引人注意，作詩不多的崔顥，便聲名大噪了。談論七言律詩的後人，多半都會提到他。喝酒的時候若不提到它，酒便會不香，品茗的時候若不提到它，茶也會無味。

到底這首詩好在哪裡呢？

金聖歎老先生評論這首詩時說，它以開頭連下三個「黃鶴」字爲奇（原文請見貫華堂選批唐才子詩），這是前人的詩裡所罕見的。

筆者不是冬烘先生，若以冬烘先生眼光來看，這首詩犯了律詩的大忌。按照律詩的規定，不管是五言律詩還是七言律詩，中間的三四兩句必須是對偶，五六兩句也必須是對偶，才合乎律詩的格律。

「黃鶴一去不復返，白雲千載空悠悠」，明擺著的「空悠悠」和「不復返」對不上。上半句對上了，下半句對不上，能算是好詩嗎？

筆者是一個多病的人，在病中無聊極了，便躺在綠窗之下玩味古詩。有次害了腰疼，在心中默誦「黃鶴樓」時，突然想到若把「空悠悠」改成「空悠遊」，變成「黃鶴一去不復返，白雲千載空悠遊」，不但成了對偶，而且對得很工整，要是以唐人提倡的近體詩的「平水韻」

來論，也合輒押韻，一點也不貶損這首詩的美感。再說，更合乎自然的現象，因爲天上的白雲是飄動的，今天的白雲和昨天的白雲不一樣，明天的白雲和後天的白雲又不同。黃鶴樓上面和四周的白雲自然也是飄動的，變幻的。換一個「遊」字，加上上面的「悠」字，既表示悠久，又更合自然的動態，不是比單用「悠悠」兩個字，只表示悠久，意思更寬廣嗎？

儘管如此，我還是認爲「空悠遊」不如「空悠悠」好，衹是從前的人沒有想到過，而我想到了，提供給愛好韻律詩的朋友們玩味而已。

這中間的差別差在那裡呢？

唐朝時提倡的「近體詩」，分五言絕句、七言絕句、五言律詩和七言律詩，加上平仄和押韻，規定得很嚴很嚴。但人類的思想不是能用任何規範束縛得住的。李白、杜甫、岑參、白居易、柳宗元、李賀等等詩人們，爲了求得創作的自由，都曾打破格律的限制，作出一些詩來。秉持的觀念是，只要詩好，何必受那些繩綑鎖綁呢？

崔顥用上「空悠悠」，打破了三四兩句講究對偶的限制，正是爲了求得創作上的自由。這是他的好處之一。

金聖歎稱讚前三句連用三個「黃鶴」二字，是奇。若是再看四五六這三句：「白雲千載空悠悠，晴川歷歷漢陽樹，芳草萋萋鸚鵡洲」，這三句當中，有「悠悠」、「歷歷」、「萋萋」等三個疊用字句，應該是巧，也是前人詩中所罕見的。

在我們中國人的心目中，以三個以上爲多數，以兩個以下爲少數。若是換成「空悠遊」，後面只剩下兩個疊用字句，便不能算是巧。在一首詩中有奇又有巧，是他的好處之二。

再加上這首詩的氣勢雄渾，用落日和大江陪襯黃鶴樓和那些景色，在晚霞的映照下，是何等的境界？最後又以鄉愁作結束，難怪太白公要讚美它了。

我提出的「空悠遊」，是供大家玩味的，絕對不能與「空悠悠」相比，更不敢竄改前人的作品，詩文本來就是心靈遊戲之一，藉以消磨漫長的人生歲月。

到了宋朝，近體詩和詞同時盛行，沒有誰統計過到底詩多還是詞多。更妙的是，李清照老女士作了一首「聲聲慢」，開頭便寫：

「尋尋覓覓，冷冷清清，淒淒慘慘戚戚」，加上後文又有「點點滴滴」，一首詞內，共用了九個重疊字，若再加上「聲聲慢」，總共是十個，也要算奇而又巧。有時候我想，是不是受了崔顥「黃鶴樓」的影響，她才這樣疊用又疊用呢？只有天知地知她自己知道了。

六、五言詩七言詩十首

前言

我寫的韻律詩，雲遊於「中華韻」和現代詩中間，合乎格律可以，不合乎格律也可以。像「文學人」第三期刊載的拙作「五月五日感懷」的最後一句：「鳳凰花當石榴花」，全句當中只有一個「鳳」字是仄聲，其餘六個字全是平聲，是符合現代詩而脫離「中華韻」很遠的。又，如果七個字中全是仄聲，沒有一個平聲，只要詩句新鮮，我認爲仍不出乎創作的範疇。

我持的理由是：第一、寫詩要有名句，讓人愛讀，甚至可以留傳後世。第二、句法必須鮮活，具有詩的質素。第三、不必過於講究平仄，而陷入生硬刻板的泥淖。第四、它要像「床前明月光，疑是地上霜」一樣，是白話文，不是文言文。

先把個人寫詩的觀念表明清楚了，然後再呈現後面的十首詩。

其一

久別同學共飲

二零零零年秋季，臧永年、淑年兄妹來台灣探望胞弟禎年。李天森兄設宴請昔日小學時期同學，共度重陽節，席間尚有李繼高、李明和我，乃以詩爲記：

北國同窗友　南海菊花酒
分袂半世紀　相逢千禧秋

其二

詠史

日月輪照蔽霧雲　干戈擾攘亂紅塵
前人難逃後人寫　幾分虛假幾分眞

註：此詩寫於作者五十九歲時。

其三

五月五日感懷

夢中夢外兩個家　世亂雲散南海涯
端陽尋藥醫鄉病　鳳凰花當石榴花

註：此詩寫於六十三年，作者四十一歲時。

其四

出塞憐老樹

邊荒古城傲霜柳　百劫飛沙半枯朽
大野鷹揚嘶御馬　長天雁落冷月鉤
綠梢牽駐深宮蹕　黃枝晾衫嬪妃收
慈禧避亂存舊舍　遺居農牧皆白頭

註：此詩寫於作者六十多歲時。詩中老樹爲慈禧所依處。

其五

懷古

馬嘶天山雪　弓射雁門月
白頭還鄉夢　醉唱塞北歌

八十六年三月三日夜作

其六

岳麓書院

千秋杏壇碑文間　古槐深院大風喧
愛晚亭內驚秋雨　陣陣楓紅飛滿山

八十三年隨「中華會」文友共遊此處，歸來後寫於永和市

其七

石寶寨

攀塔穿雲疑登天　奇峰盤繞石欄杆
秀壁刀削現十景　兩百年前玉印山

八十三年八月初寫於永和市

其八

遊雨花台

冬雨梅花雪　春秋雨花石
千盆韻霞彩　萬景憶夢時

九十年十一月中旬寫於永和市

其九

解悶

窗飛奇雲開靈眼　山含古洞隱笠鞋
欲乘飛碟衝霄去　億萬星系攬一懷

九十二年十一月二十二日寫於永和市

其十

古都曲

閱江樓頭望江潮　紫金山上祥雲繞
九朝繁華難洗淨　京城列數南京老

註：一年以前，這首詩在「中央日報副刊」發表過，原題為「閱江樓記古都曲」，詳記口占此詩之經過。最後一句原為「京城最數南京老」，現在經過推敲，將「最」字改為「列」字。

再者，有讀者認為這首詩用仄聲押韻，不合乎韻律詩的規範。其實，唐朝提倡「平水韻」時，柳宗元的「江雪」一詩，在當時的語言中，便是用仄聲押韻。筆者曾聽黃得時教授生前吟詠「千山鳥飛絕，萬徑人蹤滅，孤舟簑笠翁，獨釣寒江雪。」全詩的韻腳，不能拖音的情形，忍不住哈哈一笑。柳宗元這樣作，是求寫作上的自由。

到了清朝，語言大大的改變，乃提倡「佩文韻」。民國以後，經過抗日戰爭，八方語言來一次大混合，我們這一岸推行國語，提倡「中華韻」，對岸的大陸叫普通話，提倡「漢韻」，兩者中間有無相差，我不是研究音韻學的人，不敢妄言，卻能找到大陸上寫韻律詩的人，也有用仄聲押韻的。請看郭沫若寫的一首七言律詩：「蝴蝶泉頭蝴蝶樹，蝴蝶飛來千萬數，首尾相戀如串珠，四月中旬來一度。我來今已屆中秋，蝴蝶不來空盼顧，清枻酹祝蝴蝶魂，阿龍阿飛春不住。」

這首詩摘錄自本岸作家王映湘先生八十自選集第四集，「永不懊悔的抉擇」中第七十九頁，有關蝴蝶泉的描寫中。沒寫詩題，只說郭沫若的詩陳列在蝴蝶館中。而王映湘的這本書是民國九十二年九月二十日，才由台中市「文學街出版社」出版的。

既然唐朝的人和作古不久的現代人，都用仄聲押韻作出五言詩和七言詩，只要詩寫得夠水準，何妨求寫作上的自由呢？

但我絕對主張各大學的文學系仍要按照「平水韻」，「佩文韻」，「中華韻」的規定傳承教學，因爲那是詩之本。我寫的「古都曲」，是詩之變，是詩的枝和葉。本固則枝榮，才能永遠傳留下去。

正如同燒瓷器有窯變一樣，凡是藝術都會變化，變來變去，會變向相反的一面。

民國九十二年十一月二十九日寫於永和市

七、為傳佳句作古詩

我這個人的大腦裡有一個碑林，凡是優美的詩詞對聯，都會刻在石碑上，牢牢記住，在一個人獨處時，手邊又沒有書籍，便神遊在那些碑林裡，仔細的玩味欣賞。

在五十年代裡，住在鳳山灣子頭營房。每到過陽曆年或陰曆年，營區裡便會貼出一些春聯，其中有一副我特別喜歡：

留飲黃龍藏臘酒

即看綠島（註）發春雷

很能夠激勵當時的軍心士氣，便鐫刻在碑林以內。只是不知作者爲誰，不能向他請教。

同一時期，流行的詩文頗多，最最佩服的是，有一個詩句：「盛世詩書亂世刀」，也在雅愛詩詞的朋友之間流傳著。

現在的人有一種心態，若是誰作起五言詩或是七言詩，總有一種被輕視的可能，認爲不如古人。我可不是那樣，這個詩句叫我品評，放在唐宋時代的任何一位大詩人中，單提出一句，都比不倒的。可惜只流傳了一句，到底是七言律詩還是七言絕句當中的一句，就沒法知道了。

在盛傳這句詩時，我還記住詩人的名字，因爲營區很大，不知他在那一個單位，未能請教他別的詩句。更可惜的是，歲月隔得太久太久，我腦海中的碑林也和別的碑林一樣，經不住風霜雨雪的侵蝕，漫漶的漫漶，磨滅的磨滅，這個詩句還留在碑石上，詩人的名字已磨掉了。換句話說，忘得一乾二淨了。

文學是大家的，好的詩句應該讓它永遠留傳。古代將相不知更換多少，被人忘記，而杜甫、李白、蘇軾、陸游的詩文卻一直存活著。文學的興盛，正是國家民族賴以生存的命脈之一。基於這種觀念，到了五十多歲時，忽然有一天，我給這個詩句配上一個上聯，成爲：

逢時車馬失時酒
盛世詩書亂世刀

自己在心中常常默唸，覺得平仄還算工整，意思也頗恰當，非常難過的是，它絕對不是完整的對聯文學。念著念著，就感到不是少了幾句頭，就是掐斷幾句尾，上不著天下不沾地。再說，要是過年時寫在紅紙上，貼在大門口，一點喜氣也沒有，那裡像副春聯呢？如果用黑墨寫在宣紙上，裝裱起來掛在客廳裡，既不是治家格言，也不是座右銘，來位雅愛詩文的朋友一看，反倒像瘋言瘋語，不認爲我是神經病才怪。

左思右想，又忽然有一天，詩興大發，又給它添上四句，成爲一首古體詩，現在連題目加詩句都寫在下面：

詠史

英雄難定天下事　空見新廟換古廟
丹青不載草沒骨　強人攪翻江海潮
逢時車馬失時酒　盛世詩書亂世刀

意思是說，天下的大事紛紛擾擾，瞬息萬變，縱然是蓋世英雄，抱著安邦定國的大志，也難以底定。岳飛留下了武穆廟，文天祥也留下了文丞相廟，供後人祭祀瞻仰。那些廟在初蓋時是新的，代替了從前傾頽的舊廟。再以今天來說，國父紀念館、中正紀念堂和圓山附近的忠烈祠，更是新廟，連建築的式樣和祭祀的方式都跟從前不同。有很多回國祭祀的華僑，在走進中正紀念堂時，不由得肅然起敬，就說這裡是「中正廟」，它變成紀念堂的一個雅號。

丹青指的是歷史（用的是修辭學裡的代喻格），不管是正史還是野史，都不記載平平凡凡的人，他們被荒草掩埋以後，很快便被後人遺忘。正因爲如此，有很多逞強鬥狠的人，爲了滿足個人的私慾，擾亂世界就像攪動長江大海裡的潮水一樣，鬧得天翻地覆了。

時字指的是時運，逢時便是走運。在走運的時候，坐著轎車，騎著駿馬，洋洋得意。賓客臨門也是車水馬龍，川流不息。不走運也就是失勢的時候，便借酒澆愁，過著窮困潦倒的日子。

遇見太平盛世，便教習詩書禮樂達到文治的目的。不幸遭逢亂世，便用武力去討伐。而造反的一方，也藉武力來奪取。刀是武力的象徵，也是武器的象徵。在古代，指的是刀鎗劍戟等十八般武器。在現代，指的是槍砲子彈，坦克車、軍艦、戰鬥機和飛彈，甚至毒氣和核子彈等等，也統統包括在內了。

最後這句詩，確實是佳句，好就好在它道出歷史的定義，人類就生活在這條歷史長河裡，世世代代，永難改變。它是整首詩的靈魂，也是一塊美玉。筆者作的前五句，剛好頂住了這塊玉。如果不聲明出來，那就太不光明磊落——涉嫌掠他人之美了。

建築學裡有借景的一法，詩文裡也有借句的方法，絕對不是從我開始的。事實上，我是爲了傳留它，希望不被歷史的長河湮滅掉，才不得不作前五句的。

註：綠島在當時是指台灣，不是指火燒島。

八、評「名聯觀止」並獻拙

如果有人問世界上最短的文學形式是什麼?大家多半會說是中國唐人近體詩中的五言絕句,只有二十個字,華麗多彩,又多變化,可說比孔雀尾巴還短些。其實不然,也許正是受了五言絕句的影響,到了五代時期,後蜀主孟昶在過年時節寫了一副春聯貼在門上:

新年納餘慶

佳節號長春

只有十個字,充滿喜氣,七彩繽紛,恐怕比鸚鵡的尾巴還要短,乃開啓最迷你的文學形式的先河,到現在已有一千多年。

從那以後,中國的文人雅士們把很多心血和時間都耗在撰寫對聯上,留下來煙波浩渺的聯語佳作。過年貼春聯,婚禮送喜聯,喪事吊輓聯,送朋友出遠門時贈別聯,參加科舉考試口試時的問答聯,凡有著名的園林和建築物的地方,大門和石柱上,都必然有石刻和木刻的楹聯。長久下來,「楹聯」成了對聯另一個名詞。在中國人的觀念裡,如果蓋好宮殿、園林、廟宇、祠堂,或風景區的牌坊、亭、台、樓、閣等幽境,若是不配上幾副描繪此一偉觀的對聯，簡直是大煞風景，連花草樹木都會笑它外行。因此，對聯成了建築物的一部分，是分割不開的。

一九九四年夏天，我到大陸旅遊，在長沙市的書店裡，發現一部厚厚的書，書名已忘記，是把全國的佛教寺、道教觀，以及百家姓裡有的連同沒有的各姓的祠堂，所有的對聯蒐集在一起，印成一部書，眞是洋洋大觀。我翻閱甚久，滿心想買，由於患有腰痛病，不能攜帶過重的東西，終於連一顆心一起放回到書架上。事後每想起來，都惋惜不已，構成極大的遺憾。

三年以前，我到圖書館裡查閱資料，無意中看到梁羽生先生編著的一部書：《名聯觀止》，借閱兩三次，才算把那個遺憾的漏洞塡補起來。

梁先生的這部書分成上下兩册，海闊天空，從中國的詩句中有對聯開始，一直到宋、元、明、清，垂直延伸到民國，又歷經九十年，延續到今天，舉凡各朝、各代、各地、各行各業，著名的對聯都蒐集在內。內容包括政界、軍界、文壇、宗教、景物、愛情、友情、方言、民俗無所不包，種種皆攬。從創作技巧上看，「有嵌字對、集句對、絕對、回文對、人名對、地名對、拆字對、無情對、怪對」等各種各色。最妙的是，因談回文對，乃引出梁元帝蕭繹作的回文詩〈後園〉，又引出薛濤寫的回文詩〈春〉、〈夏〉、〈秋〉、〈冬〉等。爲談大明湖名聯，又提到《老殘遊記》中所寫「歷下此亭古，濟南名士多」，爲杜工部句，道州何紹基書。有趣的是梁元帝是南北朝時期的人，薛濤和杜工部都是唐朝的人，一位是女詩人，一位是著名的詩聖。他們三位吟風弄月的時代，早在創作楹聯形式的孟昶之前一百多年或三百多年，而唐人的絕句律詩中對偶又多，才促成孟昶騎鶴橫飛的靈感——寫副對聯貼在門上，討點喜氣。人類常懷疑宇宙萬物是怎麼來的？是先有雞蛋呀還是先有雞？誰也回答不出。但就聯語文學形式的範圍上看，我敢保證是先有雞蛋後有雞。過去都是把對偶寫在詩中印在紙上，它不過換一個問世的空間——貼在門上而已。

《名聯觀止》這部書的一開始，就掌握住這種文學形式的特點，先介紹一副最短的對聯。上聯和下聯加起來只有六個字：

孫行者

胡適之

它是一九三二年，清華大學舉行新生入學考試，在國文一科中，由史學家陳寅恪出的試題，有一題是做對子，便出了這樣的上聯。有一位考生名叫劉子欽的，竟答了那樣的下聯，不僅得了一百分，甚至引爲趣談，在社會上廣爲流傳，超過一甲子。

梁先生就這個題目加以發揮，將做對聯的方法，音韻和詞性，工與不工，都分析說明，全文等於這部書的導讀，現身說法的另一篇「序」，將上下聯的標準梗概，都點畫得一清二楚三明白。

這部書的終止，要算暫止於〈喜獲張佛千贈聯〉上。張先生是作對聯的名家，三年以前，每一年《中央日報》副刊舉辦的春節聯歡會上，都有他作的嵌字聯賀喜，由楚戈先生代爲書寫，懸掛在禮堂的正中間，每一年的聯語都不同，但都嵌有「中」「副」兩個字，且有向全國及海外作家祝賀之意。而他贈給梁先生的對聯是：

羽客傳奇，萬紙入勝

生公說法，千石通靈

這又是一副嵌名對聯，開頭兩個字暗含著「羽生」。上聯以傳奇代故事，因爲梁羽生是武俠小說作家。至於下聯所含的意思，遊過蘇州虎丘的人就知道了，那裡有生公講台，千人坐和靈石點頭，是一處景點。眞是又典雅又傳神，作爲這部書的結尾，恰成絕響！

《名聯觀止》在沒有輯印成書以前，是梁先生居住香港時，曾應該地《大公報》之邀，撰寫「聯趣」專欄，在副刊「大公園」內連載。歷時三年多，共向讀者介紹了各種對聯二千二百多副，然後才印成書籍。僅管梁先生學問淵博，涉獵廣闊，博採衆議，費盡苦心，想求其完美，但書中仍有一些小小瑕疵及疑點，筆者不揣孤陋冒昧，將它提出來，供喜歡聯語文學的方家們參考。

在下册第一千頁中，有一副對聯，編列於「問答聯」的目錄內。書中從九〇九頁到一千頁，對問答聯詳細解釋：「問答聯可分爲三類，一是問而不答，但提出反問……一是問而不答，但答語已隱藏對句之中……最後一種則是正格的問答聯了，是採用一問一答的形式的。」

有瑕疵的這副對聯，書中介紹說：

一士子偷寺中作供品的柿子出來，見一和尚偷池中荷花。士子出上句，和尚對下句。

寺中柿子，士人拿去自家嘗

池內荷花，和尚採來何處戴

士子偷柿子與和尚偷荷花，屬同類行爲，不答自答。故亦可列爲上述的第二類。但「自家嘗」三字是可以作爲正面答覆的，因此仍屬正格。

以上所錄者，皆是書中原文，其餘從略。

其實，上聯出得極好，是個絕聯。下聯對得並不工整，問題出在那個「自」字上。揣摩對聯，要深具眼力，觀察入微，細心體會。怎麼見得上聯是絕聯呢？按「荷花」的荷字，「和尚」的和字，「何處戴」的何字，三個字的字面不同，意思不同，卻都是同音字。而下聯在這三個字的同位字，也就是第三、第五和第九字上，也要對上字面不同但字音相同的三個字，才算對得工整，對得妥切合適。

我們再看看「柿子」的柿字，「士人」的士字兩者恰好是同音字，又都在第三、第五的位置上，都對得很合適。但「自家嘗」的自字，就不是同音字了。這是原聯的一個缺點。

我推敲一會兒，把下聯改爲：

寺中柿子，士人拿去仕家嘗

用「仕」字代替「自」字，又在第九個字的位置上，它和「柿」字「士」字，都是同音字，就妥切了。仕字在這裡可作官宦人家解。下聯和上聯連在一起，細細品味起來，更靈活也更含深意。

互相譏諷，兩下裡都夠受的。

另提出兩點疑問，也是出在下集上。第九六〇頁的篇目是〈郝鵬舉，胡適之〉。書中說：「『湘君』的文章還記述了另一個江蘇人徵對的上比：『郝鵬，郝鵬舉，何必多此一舉？』『本事』是：『僞淮海省省長郝鵬因事去職，汪精衛派郝鵬舉繼任。』『盧江三郎』亦有對句。聯如下：

郝鵬，郝鵬舉，何必多此一舉？

胡適，胡適之，怎麼不知所之？

『自評』（指盧江三郎自評）云：『出比是兩個人名，我的對比卻用一個人的名字，本應不合規格……當它作爲怪聯之類好了。』如撇開『規格』不論，我（是梁先生自稱）覺得這副對聯不但對得相當工整，且很有意思。」

以上引號內所錄的，都是書中原文。

問題出在原始的上聯不像湘君所記述的，而是一個絕聯，它的原文是：

去郝鵬，來郝鵬，多此一舉

天生自然出了這一件事，又遇上一位會作對聯的人，才出了這一個上聯難難大家。我是徐州東邊的人，在那邊長大。在讀書時期便知道有這個上聯，懷揣了六十多年，曾向很多方家請教，至今都沒有人能對出下聯來。

上面是一去一來，兩個動詞，加上兩個人名，下面是一句成語，自然難對得多。

按該書上集四四一頁所說，凡是只有上聯的，稱爲「片玉」。「去郝鵬，來郝鵬，多此一舉」，應該屬於僞政府時期的片玉。

梁先生只是引用湘君的文章，「郝鵬，郝鵬舉，何必多此一舉？」是盧江三郎改的，下聯也是盧江三郎對的。梁先生只說了一句讚美的話：「不但對得相當工整，而且很有意思。」

從行文的態勢上看，我懷疑梁先生是知道原始上聯的。如果有人質疑，也質疑湘君和盧江三郎。他只賣乖裝傻好了，這是一點質疑。

我所以提出這些小瑕疵，並非想刁難梁先生。相反的，是出於感激梁先生，懷著尊敬的心情寫出的。讀到這樣一部好書，不說出心裡的話，藏住應該說的話，能對得起編著者嗎？能對得起大家嗎？

讀者也許會說，你在雞蛋裡挑骨頭，算老幾嘛！評論別人容易，自己也作個對聯給咱們看看。

我正想獻獻醜，寫一個怪聯。

我住的地方是在樓上，進了大門便是陽台。要跨入客廳，必須向横推開兩扇玻璃門。而這座玻璃門是三扇同寬同長的，有一扇永遠固定，兩扇是活動的。

幾年以前，每到過陰曆年，爲了配合環境，我在這三扇門上貼出三聯式的春聯。前兩聯是原有的，後一聯是自寫自作的。寫出來給大家瞧瞧：

松竹梅歲寒三友（上聯）

桃李杏春風一家（中聯）

蕉榕椰夏茂萬年（下聯）

人家寫春聯只寫兩聯，叫作對子。而我是個自由人，生性喜歡搞突破，寫了三聯貼在門上，這不是怪聯是什麼？

而這個第三聯，若細細品味，它是祝福中華民國國運昌隆的，你好意思說這個怪聯不好嗎？

要是把第三聯的韻腳改成「載」字，用來代替上聯，再把中聯的一字改成「千」字，當作下聯，也可配成對子，那就是國運昌隆大家恭禧的意思。假如抽掉中聯，讓「松竹梅」句和「蕉榕椰」句混在一起，那就對不起來了，因爲下聯的平仄是配合中聯的。

還有，在寫這篇文章之前，我並沒想出一個絕聯難難任何人。我平常喜歡作正正經經的對聯，卻不喜歡作絕聯。偏偏在寫這篇文章時，中間有一處，因遣詞造句求旋律合適順口的關係，寫了一個句子，寫成後默默一唸，才恍然發現是一個下聯，而且非常難對出上聯來的。這一句就是：

一清二楚三明白

猛一看，很好對嘛，寫個上聯給你瞧瞧：

七霧八迷九混沌

這不是對上了嗎？

並沒有這麼簡單。從淺處看，你是對得很好。從深處看，根本沒有對上。

要知道，除了三個數字以外，清楚和明白，是清朝明朝兩個朝代，清有清帝，明有明帝。楚在武力最強的時候，要算楚霸王項羽，太史公寫《史記》時，把他列爲本紀人物，也要算帝。即使不算帝，在春秋戰國時期的楚國，也都稱王。而白字，是西漢和東漢中間，英雄紛爭時期，公孫述獨霸西蜀，自封白帝。就是不算帝，也要算王。所以清楚和明白，不是帝就是王，都代表過國家。

再細解這個白字，是我國西南邊陲的一個民族，號稱白族。由此延伸，明朝是漢人稱帝，引出漢族。清朝由滿人興起，又建起八旗，所含的種族更多了。所以這一句下聯，除代表朝代、國家外，又含有很多民族。一清二楚，又是一句俗話中的成語，三明白是用來強調它的。整個說起來，是極難對出上聯的。

這是我寫這篇文章時，無意中得到的最大收穫。

民國九十一年八月三十一日，發表於「中副」時用筆名孟上元。

九、妙語雙關的對聯

有一副對聯，常常在我的腦海中浮現。它用黑墨寫在紅紙上，貼在小地方特種營業的門兩旁。語意幽默詼諧，針對現實，卻又留下歷史的痕跡！

民國五十年春天，我在軍中當少尉，接到一紙命令，到宜蘭礁溪去受訓。那個時期的軍中，都是大男人，連一根女人的頭髮也難見到，互相嘲笑說是受「無妻徒刑」。為了解決生理需求，距離營房不遠處的大街口，有一個很夠排場的「軍中樂園」。我和幾位同袍處得很熟後，相約到「軍中樂園」去參觀參觀，上海話叫白相白相。只在門口當「門外漢」，絕不進門買票玩真的。

正因為是「門外漢」，我才能仔細欣賞那副對聯，背誦下來，歷經四十五個春秋，仍沒有忘記。那副妙聯是：

兵進娘子關英雄挺戰
炮轟珍珠港美人心驚

當時軍中人才甚多，有些西畫家在各地方「軍中樂園」門口，畫下大看板，也有古典文學家或新文學家，寫下一些讚美詩，在軍中口頭傳播，成為生活花絮。

單看這一副對聯，不知出自哪一位大家之手，如果他對古典文學沒有研究，絕對寫不出這樣的奇文。如果他對近代史沒有深深的研究，也不能寫得如此巧妙。

「兵進娘子關」，是我國七七抗戰初期，日本軍攻進蘆溝橋以後，侵占河北省大部分，又發生忻口會戰。敵我兩軍在難分難解的緊要關頭，日軍別遣一支部隊，直搗山西省東部的娘子關，很快便將這座關口打下。我方防守忻口的部隊，得報娘子關失守，便急速轉進，開往別的戰場。

至於「英雄挺戰」，稍微一回味，便忍不住哈哈大笑。而「炮轟珍珠港」那件大事，日本軍在突襲珍珠港時，明明是先遣飛機轟炸，應該寫爲「炸轟珍珠港」才符合事實。但若從主題和現實生活看來，還是以「炮轟」爲用字奇準，下聯的整個一句，是大家都知道的歷史事件，就不必再解釋了。

顛倒是非的是，日本軍本來是打敗的鵪鶉鬥敗的雞，在這上下兩聯中卻剛好相反，成了占盡便宜的「門內漢」，戰勝國的大老美卻吃了大虧。

在抗戰勝利六十周年時，許多學者專家又叫出：「可以寬恕，但不可以忘記。」這副絕聯正好符合這一個意義。原作者讓日本軍不花一個子兒，占了這麼大的便宜，還不夠寬恕嗎？我抄下這副對聯發表，廣爲流傳，讓大家更難忘記了。

民國九十五年九月六日，發表於「聯副」時用筆名許士仁。

平劇，秦腔和越劇，是國劇系統中的三大劇種，流傳的省份和地區最廣，除此之外，尙有豫劇、粵劇、川劇、評劇、呂劇、錫劇、江淮戲、歌仔戲、花鼓戲、漢劇等各種地方戲，都是曲調不同，舞蹈表演則大同小異。根據日本派戲劇專家多人到大陸上實地調查，各種地方戲劇約有三百多種，所演出的劇目有一萬多齣。其內容涵蓋之廣，不是任何一個國家所能相比的。

在這一萬多齣戲目中，呈現出各朝各代的人物生活，供廣大的觀衆欣賞。有取材自歷史故事者，有取材自演義小說者，有取材於才子佳人小說者，有的是神話故事，有的是編劇家自己杜撰的。其情節雖然千奇百怪，如萬花之爭芳鬥艷，但若從基本理論上歸納，只要兩句話就可以包含了一切，在淸朝以前，先賢先哲曾留下一句名言：「戲是假的」，是顚撲不破的至理。經筆者硏究很多年，覺得在理論上還不夠完整，又加了一句話：「戲是成人的遊戲」，作爲它的源頭，在這裡將詳細論列，請各位方家給予指教。

十、戲是成人的遊戲

單以筆者最愛的國劇的代表平劇來說，它扎根於漢族的民族舞蹈之中，也就是說是以漢族的舞蹈爲土壤產生出來的戲劇。那麼，根是什麼呢？就是筆者所說的「成人的遊戲」。在平劇現在經常演出的一千多齣戲目中，不管是那一齣戲，只要劇中人到了舞台上，都是成人在玩各種的遊戲。由於是玩遊戲，所以刀槍劍戟等武器是假的，打架和戰爭是假的，髯口是假的，穿在演員身上的服裝，亦即所謂的行頭，也是假的，連臉部的化妝，頭髮和靴子，統統是假的。除了少數的切末如扇子、手絹是眞的外，大多數戲台上所見的東西，越是假的越好，越讓觀衆看出假來才越像戲劇。譬如一棵樹，「戲是假的」是幹，「戲是成人的遊戲」才是根。生旦淨丑各種行當是幹上的分杈；再單以旦角來說，又分青衣、花旦、刀馬旦、花衫、武旦、彩旦等，是分杈上的分枝，而生淨丑又各有各種的分枝，在此不一一細表。各大小劇團是葉子，一千多齣戲目則是開的花和結的果子了。

「戲是成人的遊戲」這句話很重要，拋開它，有很多戲劇情節和內容將無法解釋，就拿「翠屏山」石秀吵家一場爲例，潘巧雲在趕走石秀以後，以丑角扮演的潘老丈，是潘巧雲的父親，竟以開玩笑的態度，嘲笑自己的女兒有外遇，有些初看國劇的觀衆，看到這種情節，竟忍不住怒火，當場批評說：「還說國劇怎麼好怎麼好，居然演出這樣荒唐的情節，眞是豈有此理！」這是筆者在看戲時親眼所見。持這種議論的人，是以儒家的倫理觀點來看這一場戲，也是以看電影和電視劇的觀念來看這場戲，以儒家的道德思想來說，那有父親笑話女兒偷漢子的道理？眞是違背人倫！用電影和電視劇的觀念來看，戲是眞的，絕不能這樣不合理，國劇的戲台上爲什麼這樣演呢？常看國劇的戲迷們爲什麼不覺得這個不合情理呢？道理很簡單，戲是成人的遊戲！它的遊戲規則和電影及電視劇的遊戲規則完全不同。在國劇中，丑角在某些時候可以脫軌於劇情之外，加上戲又是假的，所以潘老丈可以嘲笑潘巧雲有外遇，反正演潘老丈的那位丑角，並不是演潘巧雲的那位花旦的父親，不過在一起玩遊戲罷了，並不涉及違反倫理道德什麼的，不必太當眞，而且在國劇中，也只有丑角的遊戲規則可以這樣演，其他如生旦淨，又各有各的遊戲規則，就不可以這樣演了。

外國朋友看中國戲，常常批評說：「死尸怎麼可以爬起來跑進後台？」聽起來好像有道理，實際上是不懂戲。他們是以西洋的話劇觀點來批評國劇。按照話劇的遊戲規則，一切在求眞，是寫實的觀念，而國劇則不然，成人們在玩遊戲，一切都是假，是寫意的觀念，所以在台上被殺或自殺的死尸，可以在觀衆的眼前爬起來，再跑進後台，是合理的。尤其是「摔僵尸」的表演，在直挺挺的摔下去以後，容易讓觀衆擔心他已經摔傷了，死尸爬起來向後台一跑，表示他並沒有摔傷，演員有眞功夫，反而解去觀衆的疑慮。

國劇是民間藝術，起源於廣大的農村和小市民們需要消遣。它是以欣賞演員的唱唸做打爲主的一種娛樂。導演（內行話叫抱本子的）尙居於次要地位，編劇是比不上導演的重要性的。國劇的劇本當中，好的固然很多。有人說，國劇是表現歷史的，一點也不錯，像「打金枝」、「鼎盛春秋」、「贈綈袍」、「河伯娶婦」等，都是依照歷史故事編寫出來的，符合史實，有人說，國劇是有學問的，這話也沒錯，像「天花散女」、「洛神」等，完全是詩劇。「天雷報」在分析張繼保的人格形成，深入遺傳學，比外國小說表現遺傳學要早很多年。「四進士」在闡釋天理、國法、人情的立法和執法精神。「連環套」在表現俠義精神等，都是有學問的先賢先哲編出的好戲。整個算起來，能提供學者和專家作研究的好戲，起碼有六七百齣以上，所以又有人說，它是博大精深的，這話也絕對正確。

由於它大，有句名言說：「有容乃大」。所謂容，也就包含了一些不太理想的劇本。在清朝以前，有些戲班子把所會的劇目演完了，觀衆們不能老看那些戲，尤其是跑江湖的戲班子，爲了爭取觀衆，限於環境，找有學問的人編新戲又不可能，只得自己幾個人湊在一起，各出主意，編出新的劇本，經過排練演出，居然很賣座。這一類的劇目，傳留下來的也很多，其中有些戲，是不太合乎理想的，八十年以前，看戲的人多半不識字，看過戲，得到娛樂就滿足了，不去思考，現在的觀衆不同了，有些是學士，有些是碩士，還有的是博士，對這一類的劇目，根本不能滿意，它們經不起推敲和思考，因壞戲而連累好戲，是很可惜的，其實這些學院出身的觀衆，若是能退一步想，反正戲台上出現的，都是成人在玩遊戲，何必認眞呢？對那些不太理想的戲目，也就可以包容了。

再說，其餘的劇種——電影，電視劇和話劇，也都有不太理想的劇本。就拿電影來說，以國家爲單位算，最能代表電影藝術的，當然首推美國，因爲八大公司出產的好片子最多，要是從壞片子來看，也要數美國最多。那些壞片子，有很多是賣座的片子，收回的成本，可以貼補不賣座的好片子，又可從某些壞片子中提供養份，經編劇和導演加以構思，拍成一部好片子。所以爛電影愈多，好電影也就愈多。沒有壞的，也就難以產生好的。建設性的批評，是以好的作品爲主，不可以壞的作品立論！國劇也是如此，想看好戲，就要包涵那些不太理想的戲，因爲很多好戲是從壞的劇目中產生的。

民國八十三年五月三十日發表於新生報副刊

十一、改變旦角歷史的人

由行政院文化建設委員會出版，毛家華先生編著的「京劇二百年史話」一書中，匯集了很多豐富寶貴的資料，確屬研究京劇的經典巨作。在下卷「第五篇：京劇名家傳記」中，「第二節：青衣花旦」行當裡，只記載大陸方面的十位名角，除了四大名旦和四小名旦外，是趙燕俠和關肅霜。臺灣方面的旦角們，另闢篇幅列傳，在此略過不提。能把趙燕俠和關肅霜並列爲十位名旦，與梅尙荀程齊名，是毛家華先生的大手筆，其鑑賞力和對藝術評價的膽識，確有過人之處，不失爲史家風範。

關肅霜創作了靠旗打出手，使武旦的技藝邁進一大步，値得上榜。最爲難得的，是對趙燕俠的評價和標榜，由陶雄先生執筆，記載她童年家境貧寒，由父親趙筱樓親自教戲，十五歲就登台唱花旦，早期唱過荀派戲、梅派戲，也拜過荀慧生爲師。最重要的兩句評語說：「弟子不必不如師，師不必賢於弟子」。弟子指的是趙燕俠，師則指的是梅蘭芳和荀慧生。意思是說趙燕俠在自成一派以後，是超越過梅、荀兩位老師的。這裡必須引述王靜芝先生對梅蘭芳的評價：「……乃成爲空前，而後來恐也無人能追蹤得上的劇藝家。」是說梅蘭芳空前絕後。陶王兩位先生的觀點，顯然是各執一詞。前者推崇趙，後者尊許梅。京劇是藝術，藝術是沒有標準的，那一個比那一個好，用不著爭論，爭論也爭論不完，也爭論不出結果。臺灣知道梅派的人多，知道趙派的人少，連很多京劇工作者也不知道趙派，這裡單談趙燕俠對京劇旦角的影響。

民國五十一年秋季，我收聽到中國廣播公司播出的「梵王宮」和「碧波仙子」兩張唱片，後來又在坊間蒐集到十多齣她的唱片和錄音帶，深深喜愛她的唱唸和道白。當年臺灣宣傳旦角，從梅蘭芳只到張君秋，後起者一概不提，而趙燕俠唱紅的戲卻不逕而走，臺北的戲台上，程景祥和潘陸琴就唱過「梵王宮」，胡少安先生的夫人周韻華也唱過「碧波仙子」，徐露更唱過「紅梅閣」，香港也演過電影「美人魚」（由「碧波仙子」改編，李菁主演），可見劇壇上曾經颳過趙燕俠熱風。這裡必須說明的，徐露和周韻華唱的是梅派腔、程景祥和潘陸琴唱的是荀派腔，各唱各的調，統統不是趙燕俠的曲調。請大家注意，這裡並沒說誰比誰的好，用不著爭論，也不必引起誤會。

趙燕俠能引起熱風，是有一副天賦的好嗓子，不管唱任何戲目，只要一張口，便充滿一種濃郁的江南水鄉的韻味，給人感覺是一位十六七歲的小姑娘，最大是二十一、二歲的少婦，很自然的流露出來的。她唱出的聲音嬌滴滴的，嗲嗲的，另外又具有甜、脆、柔、細、嫩、憨、眞、媚，各種魅力。凡是我們平常聽到少女和少婦各種美妙的聲音，她都能用旦角的小嗓表現出來。江南水鄉的韻味兒，是她最大的特點。聽她的聲音，我一直猜想她是蘇杭二州一帶的人，要不然，就是千湖之鄉的湖北人，才能唱出這種與衆不同的水鄉韻味兒。及至看了陶雄先生的介紹，才知道她是河北省人，過去猜測的總算對了十分之三，她是在漢口長大的，飲過千湖之鄉的水。

根據陶雄的介紹，趙燕俠十五歲在北平三慶園登台，唱的頭一齣打炮戲，是「十三妹」。給她搭配的是名小生葉盛蘭，名花臉侯喜瑞，和名丑馬富祿。第二天演「大英節烈」，也是由名角搭配，使她初演便紅。可以想見，在這些名角沒和她同台演出以前，先要聽聽她的唱唸，再看看她的做打，覺得是個人才，他們才肯爲一個十五歲的小丫頭搭配的。如果才藝不精，門兒都沒有！在同一時期，她和楊寶森合演過「武家坡」、和譚富英合演過「二進宮」、和馬連良合演過「坐樓殺惜」、和金少山合演過「霸王別姬」，更見出她的戲藝受到肯定。她組織過「燕鳴京戲團」，自己挑大樑。直到一九六〇年，這個京戲團併入北京京劇團，她和馬連良、譚富英、裘盛戎、張君秋，同爲五大頭牌之一。在這裡我要補充，四大名旦雖然活著，年齡已老，歲月不饒人，已失去掛頭牌的號召力了。

民國八十二年四月間，張學津隨著梅葆玖來臺北演出，在電視上公開說：「乾旦的時代過去了。」他的父親是四小名旦之一的張君秋，梅葆玖是梅蘭芳的公子，都是著名的乾旦，張學津竟說出這樣的話，可見張君秋和梅葆玖在某些場合，先說過「乾旦的時代過去了」的話，他才這樣講的。這是旦角歷史性的改變！乾旦失去原有的魅力！那麼，是誰改變這個潮流的呢？當然是靠後起的坤旦們共同的努力。其中影響最大的，也是最先扭轉潮流的，應推趙燕俠！她是京劇界青衣花旦行當中的一個異數！在四大名旦影響力那麼大的時期，她能跳脫他們，從梅尚荀程四大派中，創出另一派，從不可能中走出可能！

在趙燕俠創出趙派前後，也是她最紅時期，大陸上的戲迷們和觀衆，乃至劇評家，曾經讚美她超過四大名旦，陶雄先生就是有力的例證。這些稱譽無論對不對，不必爭論，爭論也爭不出結果，至少一直到現在，大陸上唱青衣花旦的當中，只有她一人是被推崇超過四大名旦的。很多教戲的老師們準會想，四大名旦本來是頂天的人物了，誰還能高過天去？現在怎會有那麼多人說趙燕俠比天還高呢？毫無疑問，她有她特殊的條件！經過他們茶餘酒後一討論，得到正確的答案。這個答案連我這個隔海聽唱片的戲迷都能聽出，何況他們是靠教戲謀生，又看過趙燕俠的演出，又聽過她的唱片的，經過他們一研究，趙燕俠是女人唱女人的小嗓兒，自己唱自己的小嗓兒，那種江南水鄉的韻味兒，才能得到自然的發揮。

由於在清朝以前，禁止女性演戲，唱旦角的統統是男人，傳到民國初期，女性可以唱戲了，更可以唱旦角了，拜的老師都是乾旦，加上四大名旦是頂天的人物，影響力大到東西南北都知道，早期學旦角的女孩子們，從七八歲頂大十歲起，便被要求要把嗓門兒放粗放寬，才能比得上四大名旦。學梅的要像梅的翻版，學程的要像程的樣子，學尚和荀兩派的也不例外。請各位想想看，男人的生理構造和女人的生理構造差別多遠！男人的嗓門兒、聲帶，和女人的嗓門兒、聲帶，乃至發音的丹田、小腹等位置，在生理上也就是先天上，就有天壤之別！這種教學法對那些女學生來說，簡直是只有天知道的錯待。而八大名坤和北平四塊玉等旦角，以及和她們同一時期的坤旦們，大約有一兩代人被這樣的教出來。因此，四大名旦等乾旦們，是男人唱男人的小嗓兒，八大名坤和北平四塊玉，以及同一時期的坤旦們，是女人唱男人的小嗓兒，絕對是不爭的事實。

如果趙燕俠是科班出身，也會被老師要求把嗓門兒放粗放寬，六七年內教死，也就發揮不出她的天然條件了。偏偏她是由父親教出來的，用京劇的行話說，是家班的。而她的父親趙筱樓先生是唱二路武生的，除了嚴格要求她的武功外，在唱唸上只好讓她自由發揮。說起來這個異數也是環境造成的，成名後的趙燕俠才能領悟出：「我是女人，應該唱女人的小嗓兒，爲什麼要唱男人的小嗓兒呢？」就這樣的越唱越紅了。南北各地教戲的老師們，得到這個犧牲一兩代坤旦才得到的寶貴經驗，再教女徒弟唱青衣花旦，就不再要求她們把嗓子放粗放寬，而讓她們女人唱女人的小嗓兒了，各人唱各人的小嗓兒了。

改革並不是容易的，趙燕俠並沒想改革什麼，只是想發揮自己的天賦，卻自然的形成了改革，在她創出趙派的時期，大陸上一共並陳四種青衣花旦的用嗓法，就是男人唱男人的小嗓兒，女人唱男人的小嗓兒，女人唱女人的小嗓兒，各人唱各人的小嗓兒。

再回溯到民國五十一年，臺灣的「鳴鳳」和「女王」等唱片公司，在出版趙燕俠唱片的同時，也發行了楊秋玲的「葫蘆谷」（楊門女將）、「珍珠烈火旗」和「貂蟬」。又有杜近芳的「白蛇傳」、「竹林記」。還有一張李玉茹唱的「紅梅閣」，唱片上卻印「趙派青衣」，讓人誤以為是趙燕俠唱的，是商人耍的促銷魔術，與李玉茹無關。從出生年月上來講，楊秋玲和杜近芳都比趙燕俠小，學戲也晚好多年。只有李玉茹是北京四塊玉之一，比趙燕俠大得多。稍微細心的聽衆，很容易聽出來，楊秋玲的嗓音又細又甜，是女人唱女人的小嗓兒，她是學梅派的，跟梅蘭芳完全是兩種味兒，屬於各人唱各人的小嗓兒。杜近芳以學梅蘭芳最像出名，只在用嗓上，比梅蘭芳細得多，是女人唱女人的小嗓兒，卻是帶有梅的韻味的各人唱各人的小嗓兒。只有李玉茹，嗓音又粗又寬，是女人唱男人的小嗓兒，她已被教育定型，是無容置疑的了。

我們這一岸，由於和大陸隔離四十多年，在旦角教學法上，一點沒受對岸的影響，從徐露到魏海敏，要算兩代學青衣花旦的坤伶，仍接受八大名坤式的教育。在八十二、三年間，北京京劇院來臺北演出時，兩岸同台演出，第一次合作演「四郎探母」。在「坐宮」一折，由于魁智扮楊四郎、魏海敏扮鐵鏡公主。後來在電視上播出時，製作人唐文華和魏海敏作簡短的介紹，唐文華表示，她這次在唱腔上與平常不同，魏海敏回答的大意是，于魁智是客，嗓子高一點，她為了配合于的嗓子，把嗓音也提高一些，覺得唱後很舒服，可見自己還有不少潛力沒有發揮。足證是在學旦角的初期，就被要求又粗又寬的。徐露也是，可以從她的錄影帶和楊秋玲的一比較，便明白的聽出。但這並不影響她倆的水準，徐露和魏海敏都有幾齣戲，和四大名旦不相上下的。這一岸別的旦角，恕不一一再提了。

從坊間出版的錄影帶裡，和來臺演出的幾個京劇團裡可以看出，學張派的坤伶很多，唱趙派的除了趙燕俠自己，連一個也沒有。表面上看，是張派影響力大，實際上，趙派的影響力並不比張派小，坤旦們女人唱女人的小嗓兒，和各人唱各人的小嗓兒，都是受趙燕俠影響出來的。

文革十年，趙燕俠不能登台，對趙派的傷害很大，等她再復出演唱時，已是五十歲的人，嗓音已不如文革以前柔和。坊間出現的錄影帶，和當年的唱片比，是差得遠了。又唱了幾年，便從北京京劇六團息影，到武漢的京劇院去教戲。在徽班進京二百週年紀念時，大陸上出版了由劉長瑜、李世濟、孫毓敏、李維康等旦角，和生、旦、淨等名角合唱的錄影帶，一共三支，每位生、旦、淨只占到十到十五分鐘。而趙燕俠是單獨出了一部長達兩個多小時的「碧波仙子」，可見趙燕俠，是被列為大師級的人，留下一些帶子，以供後學者觀摩。

民國八十五年四月四日發表於中副

十二、談馬上戰鬥

看香港出版的錄影帶「楊家將」，在緊急救援時都是騎在馬上奔馳，到了戰場上遇見敵人，卻是跳下馬來，用長槍和短刀步戰，實在叫人氣悶短嘆。

楊家將在歷史演義裡，都是馬上的戰將，到了現代的電影和電視劇裡，統統變成了在地面上縱蹦跳躍的武俠人物，不是製片人和導演沒有歷史常識，而是限於演員的技藝條件，一騎到馬背上便不會用刀槍戰鬥，勉強拍出來也只能比畫兩下，人變成木雕泥塑，馬變成銅馬和鐵馬，整個畫面死死板板，沒有一點生氣，看來更叫人氣結。

不光是我國，就連日本、英國、法國，包括以拍片技術領先世界的美國好萊塢，統統算在內，都沒有辦法把二馬盤旋的戰鬥動作拍好。

四十年以前，那時電視機還沒有進入家庭，是電影的黃金時期，好萊塢的八大公司曾想在這一點上尋求突破，先拍了一部「撒克遜劫後英雄傳」，飾演男主角的勞勃泰勒，和重要的配角亞歷山大，在最後一場角鬥中，一個使斧頭，一個使流星錘，兩人的左手裡都持著盾牌，騎在馬背上打了足足五分鐘，有二馬互相衝刺，在距離最短的一剎那之間，斧頭和流星錘互擊。有一匹馬在前面跑，另一匹馬在後面追，武器互相攻擊，盾牌舉起防衛的鏡頭。也有兩匹馬盤旋在一起，四條膀臂掄起武器，纏鬥鏖戰的場面。

點子出盡了，招數打完了，導演出於無奈，只好讓一匹馬的前蹄向上猛掀，將勞勃泰勒摔在馬下，亞歷山大騎在馬上，又打了四五個花樣，勞勃泰勒一伸斧頭，把對方打過來鍊子錘的鐵鍊子接住，鍊子在斧柄上繞了幾圈，勞勃泰勒用力一拉，亞歷山大也跌下馬來，雙雙又進行步戰，約有兩三分鐘，勞勃泰勒才把亞歷山大一斧頭砍死。

那場馬上打鬥，要算所有的馬上廝殺中拍得最好的，「撒克遜劫後英雄傳」也成了不朽的名片。

後來又有一部電影「三劍客」，是金凱利主演的，片中也有一場騎在馬上追殺的戲，金凱利和配角用的是西洋劍，叮叮噹噹砍擊抵擋了十多下，有一方馬失前蹄，跌翻下馬，另一個也跳下馬來攻擊，其餘的人也統統下馬，變成了步戰，一直打到海邊，把一個敵人刺中一劍，跌落到海裡，用來彌補馬上戰鬥的不足。還有「圓桌武士」，模仿「劫後英雄傳」上半部的教場比武，敵對的雙方各持長矛，在二馬交錯，一閃即過的片刻之間，鏘然一聲，把一員大將挑翻下馬。演得雖然精采，僅祇有一個照面，眞是一蟹不如一蟹了。

爲什麼好萊塢資金那樣雄厚，特技人員那樣衆多，不怕摔死的臨時演員成百上千，也拍不成十分傑出的馬上廝殺呢？

這有兩個困難不容易克服，一是要拍馬上戰鬥，必須訓練得馬會演戲，而這些馬所演的戲要千變萬化，不能重複，絕不是馬戲團表演的馬戲。二是要訓練出敢在馬上廝殺、能在馬上廝殺的臨時演員，又要不怕摔跤受傷，又要身手矯捷，才能用來代替主角和配角表演。而拍攝一場馬上戰鬥的古裝戲，先要排演不知多少次，馬才能上道，人才能打得中規中矩。在開麥拉以後，正式拍攝中間，馬和人不能有半點閃失，要是稍微出一絲一毫的小問題，就會吃ＮＧ，導演要求一次一次的重來。馬受得了，人可受不了。有時候是人受得住，馬可受不住，這種靠馬上打鬥吸引觀衆的戰爭片，就沒人敢拍了。

說起來眞叫人慨嘆，如果我們國家在推翻滿清以後不打內戰，或者是在抗戰成功以後再也沒有戰爭，拍攝這種以馬上打仗爲主要內容的武戲，是會領先世界各國的。

在八國聯軍和義和團交戰的時期，中國人還是騎在馬上，手持刀槍劍戟，和洋槍大砲對抗。仗是打敗了，卻證明一點，在滿清末年仍有千千萬萬會騎馬打仗的人存活下來，到了抗戰勝利，比較年輕的也不過五十多歲，自己還能騎馬打仗，即使不能了，由他們當教師，一方面訓練戰馬，也就是會演戲的馬，一方面訓練臨時演員和演員，在馬上會使用十八般武器，能打出各種對陣招數，經由攝影機拍攝下來，再加上頂盔貫甲的服裝設計，不就是很精采的古代馬上戰鬥演出嗎？

又，流傳在民間的小說裡，以各朝各代的演義爲一大宗，而這些野史裡，又以描寫戰將故事爲一大主流。除了上述的「楊家將」外，尚有「羅家將」（包括「瓦崗寨」中的羅成、「羅通掃北」、「羅洪征南」等）、「薛家將」（包括「薛仁貴征東」、「薛丁山征西」、「薛剛反唐」等）、「郭子儀征西」、「姚通征南」、「天寶圖」、「地寶圖」、「狄青征西」、「劉秀走南陽」、「大明英烈傳」等等，都是以騎馬征剿爲主要內容。其中精采的情節有教場比武奪狀元，或者是爭帥印，過一關斬一將的搶關奪寨，到達故事的高潮，則有力殺四門，大戰七天七夜等惡鬥，眞是美妙絕倫。可惜這些演義故事，只能通過文字描寫，和說書人的演唱，到了戲劇裡，統統變成演員持著武器作步下戰鬥，最緊張和最戰慄處，只有靠觀衆去想像了。我們有很好的演義故事作素材，可以編寫電影劇本，以人口來算，是全世界人數最多的國家，觀衆的基礎遠超過美國。可惜清朝推翻以後，不斷的掀起內戰和外役，把那些會騎在馬上使用刀槍劍戟打仗的人消耗光了，古老的戰鬥技藝不能保存下來，是電影藝術上的一大損失，也是人類文化上的一大損失。唉——前一個戰爭，引起後一個戰爭。後一個戰爭，掩埋前一個戰爭。

戰爭連綿代代不斷，人類的永久和平到何時才能眞正實現呢？有待研究學問的人、關心人類幸福的人，共同努力啊！

民國七十七年七月二十二日發表於聯合副刊

十三、一年四季都是春

四十年春天，在鳳山灣子頭營區裏，我看到「小城之春」這部電影。由於營區很大，駐紮的單位很多，放映電影的車輛要巡迴各單位放映，我在欣賞第一遍後，驚訝於它在藝術上的成就，陶醉在它的美感之中，不能自主，每天晚上欣賞一遍，接連看了四五遍，把片中每一個鏡頭都能背誦下來。

當時離二次世界大戰結束只有六年，我國在八年抗戰之後又打了四年內戰，大部份城市和鄉村都殘垣纍纍，化爲片片焦土。觀賞電影的兵士們都遠別家園來到臺灣，心靈裏留下摧殘和傷痛。當銀幕上出現劫後的小城，斷牆殘壁時，看的人都是肅穆的，直等電影結束，大家才隨著劇情的發展鬆了一口氣。那也是全片要求的效果。

三十多年以來，國產片在科技上改進很多，在藝術造詣上，受到商業的限制，市場太小的拘囿，實在無法發揮。每當派出去的國片參加國際影展受挫時，我的心裏總要想到：還算好，我們還有一部「小城之春」，並不亞於那些在國際影展中獲得金像獎的片子。事實上也是如此，中共把「小城之春」作爲國寶級的電影，送到外國放映時，得到影評人一致的好評，認爲它是電影史上的奇蹟，勝過很多獲得大獎的片子。

去年秋天，「小城之春」再度在金馬獎影展中放映，我因對它鍾情，又因想測驗一下自己當年的欣賞力到底如何，靠不靠得住，遂又看了一遍。年齡增長了沒有白增長，除了肯定它在藝術上的成就外，又發掘到它的深意，那是當年十八歲的青年不能了解的境界。

全片在淡淡的憂鬱中進展，石羽飾演的李言，在長年的戰爭之中，家道衰落，只剩下殘牆碎瓦，加上肺病和心臟衰弱的煎熬，他已不願意再活下去，把妻子買回來的藥扔在瓦礫上。由於有一個小妹只有十五六歲，要依靠他，他蹲在牆缺口，拾起幾塊斷磚，疊到殘基上去，暗示他正處在生命的冬天裏，作無力的掙扎。韋偉飾演他的妻子，經年累月的侍候害重病且不能人道的丈夫，天天買藥買菜，路過被炮火摧毀的城牆，戰爭的陰影仍蒙在她的心靈上，活得毫無生趣，常常把針線活兒拿到小妹的房中去做，因爲那邊的光線好，有鮮活的感覺，暗示她是處在生命的秋天裏，仍渴盼回到春天裏去，沾染一些春天的氣息。

張鴻眉飾演的小妹，年齡只有十五六歲，尙在中學裏讀書，愛好音樂和舞蹈，正値生命的成長期，無視於戰爭的摧殘，在斷倒的城垣上仍能跳舞，暗示她的生命正處於春天，結尾送行時問她暗戀上的張大哥：

「你什麼時候再來？」

張大哥說：「明年春天。」

她卻囑咐說：「不，今年暑假。」

又暗示她的生命正想開花結果，奔放到夏天裏去。李緯飾演勝利還鄉，路過小城來探望朋友的醫師，正值三十多歲，由於參加過抗戰，飽經過苦難，總算勝利了，心情像怒放的花，一腳踩在後門口的藥稭子上，又翻牆而入，和老朋友李言在破牆框子中久別重逢，暗示他的生命正處於夏天，在炎炎的燃燒。這四個重要人物所象徵的，正是春夏秋冬四種不同的心境。按照劇情發展，經過李緯的炎夏生命的沖激和燃燒，韋偉飾演的妻子，生命復甦了，抛開了憂愁和陰霾，重回到春天中去。丈夫李言也在自殺獲救之後，振作起來，最後拄著拐杖走上城垣，面對城裏，說明他不再閉塞，不再自囿，生命也回復到春天裏。

結尾一場，小妹問張大哥什麼時候再來，張大哥說：「明年春天。」暗示他的生命經過調和，已回到春天。小妹雖說：「不，今年暑假。」由於暑假還要等兩三個月，尚未來臨，證明她的生命仍留在春天裏。

我要再強調一次，在全劇的開始，原是春夏秋冬的四種生命，經過衝突、掙扎、諒解和調和，四個人的生命都處於溫馨的春天，才是「小城之春」的春字，眞正的含意。如果單把它看成季節性的，單把它看成桃花開的時間，對是對了，卻太淺了。

「小城之春」是一部寫實主義的象徵戲，就在於它詮釋了春夏秋冬四種生命的變化。導演費穆處理每一個鏡頭，都是使它富有象徵意義，而不著痕跡，才顯得自然而柔和。若是刻意的去架造，在丈夫李言蹲在牆缺口前疊磚時，鏡頭用特寫，照見一簇小花從磚瓦縫裏長出來，那就變成象徵主義的作品了。在理論觀點上，這兩者有所不同。

「小城之春」拍攝於民國三十七年，那時正處於中國電影的向上時期，電影的觀衆雖多，製作經費卻不充裕，由於菲林太貴，佈景道具服裝等，也難和好萊塢抗衡，導演費穆遂別出心裁，盡量在製作經費上節省，演員只有五位，場景只有數處，多半都是採用的實景拍攝，減少在影棚中搭景。

幾年以後，意大利的導演狄西嘉拍攝「單車失竊記」，反映戰後失業問題，也是採用自然景色作背景，盡量減少在影棚裏搭景，他把這種拍攝法取名叫「新寫實主義」，影響到後來各國的電影製作，都走出影棚，認爲是狄西嘉創始的，實際上「小城之春」早在「單車失竊記」之前已開了先河。

且「小城之春」非常重視連續畫面攝影的美感，提高電影詩的質素，整個劇本的對白，沒有一句不是生活裏的對話，經過演員說出口以後，生動自然，給人的感覺又沒有一句不是詩，處處都是從前的導演沒有做到的，而費穆做到了，故我們要推許這位才活了三十八歲的導演是個創始人，是中國電影史上的佼佼者。

再看「小城之春」是在電影院裏，一齊欣賞的，大半是最近二十五年才出生長大的青年朋友，生命裏根本沒經過戰爭，也沒受到一點苦難，看到某些地方，常常會發出爆炸性的笑聲。觀衆不同了，時代不同了，這證明一點，痛苦是不能經由藝術傳授的。戰爭！戰爭！不管它多麼厲害，到底不能把人性毀滅啊！

民國七十七年三月二十三日發表於中副